चेरी का बगीचा

[नाटक]

चेरी का बगीचा

एंतोन चेख़व

अनुवाद

राजेन्द्र यादव

राधाकृष्ण प्रकाशन

ISBN : 978-81-7119-649-4

चेरी का बगीचा

पहला संस्करण : 1958
पाँचवाँ संस्करण : 2018

मूल्य : ₹ 200

प्रकाशक
राधाकृष्ण प्रकाशन प्राइवेट लिमिटेड
जी-17, जगतपुरी, दिल्ली-110 051

शाखाएँ : अशोक राजपथ, साइंस कॉलेज के सामने, पटना-800 006
पहली मंजिल, दरबारी बिल्डिंग, महात्मा गांधी मार्ग, इलाहाबाद-211 001
36 ए, शेक्सपियर सरणी, कोलकाता-700 017

वेबसाइट : www.radhakrishnaprakashan.com
ई-मेल : info@radhakrishnaprakashan.com

मुद्रक
बी.के. ऑफसेट
नवीन शाहदरा, दिल्ली-110 032

CHERI KA BAGHICHA
by Anton Chekhov
Translated by Rajendra Yadav

यह अनुवाद

एंतोन पाव्लोविच चेख़व के नाटक का यह अनुवाद अंग्रेज़ी के निम्न अनुवादों के आधार पर किया गया है :

चेरी का बगीचा— 1. कॉन्स्टान्स गार्नेट
2. अब्राहम यार्मोलिन्स्की
3. एल. नाव्ज़ोरोव [मॉस्को संस्करण]

भाव के प्रति अधिक सचेत और अर्थ के प्रति अधिक आश्वस्त होने के लिए ही मैंने एक से अधिक अनुवादों का सहारा लिया है, फिर भी कह सकने में असमर्थ हूँ कि प्रस्तुत अनुवाद कहाँ तक सफल है। इसका कारण आत्मविश्वास की कमी नहीं, बल्कि वे मूल अनुवाद ही हैं। वे अनुवाद कहीं-कहीं तो आश्चर्यजनक रूप से एक-दूसरे से अलग हैं। मास्को से अभी 'चेरी-ऑर्चर्ड' का अनुवाद आया है, इसलिए इन सबमें उसे ही सबसे अधिकारी अनुवाद माना जा सकता है। लेकिन स्थान-स्थान पर यह अनुवाद अपने साथी अनुवादों से इस हद तक भिन्न हो गया है कि पहले तो मुझे सचमुच विश्वास नहीं हुआ। हिन्दी वाले अर्थ का अनर्थ करने के लिए बदनाम हैं, लेकिन इधर जब दो-तीन साल से अनुवादों के चक्कर में पड़ने का दुर्भाग्य हुआ, तो पाया कि इस दिशा में अन्तर्राष्ट्रीय साथी भी काफ़ी हैं। अंग्रेज़ी के अनुवादक मूल की अपेक्षा अपनी ही भाषा के प्रति अधिक सतर्क रहे हैं, और हिन्दी वाले मूल को ही ऐसा पकड़कर बैठ जाते हैं कि उन्हें अपनी भाषा का ध्यान ही नहीं रहता।

वस्तुतः भाषा कोई भी हो, अनुवादकों की सीमाएँ सभी जगह प्रायः एक जैसी हैं, और वह चाहे जितना अच्छा हो, उसकी भाषा-शैली मौलिक रचना से अलग होती ही है—होने को बाध्य है। जहाँ भी अनुवाद 'मौलिक कृति' सा लगता है वहाँ निश्चित रूप से अनुवादक काफ़ी स्वच्छन्दता ले लेता है। उसे अनुवाद की अपेक्षा भावों का पुनर्कथन कहना अधिक अच्छा है।

ख़ैर, फिर भी प्रस्तुत अनुवाद की कमियों और कमज़ोरियों के लिए यह सब बचाव काफ़ी नहीं है, निश्चित रूप से वे मेरी ही कमियाँ हैं।

—राजेन्द्र यादव

कलकत्ता
25-3-58

चेख़व : जीवन और दर्शन

"यह चेख़व कौन है? यह कहाँ से धरती फोड़कर निकल पड़ा?"

"हमारे पैसे वापिस दो।"

"नाटक वाले ऐसे नाटक क्यों लेते हैं?"

"लगा दो आग!"

उस दिन अलेक्जेन्द्रिस्की थियेटर में इतना हल्ला-गुल्ला और गुल-गपाड़ा मचा था कि कान पड़ी बात नहीं सुनाई देती थी। लोग सीटों से उछल रहे थे, गालियों और तने हुए घूँसों से वातावरण गूँज रहा था, और जिस नाटक 'सी-गल' का जनता इस तरह स्वागत कर रही थी उसका लेखक कानों तक ओवरकोट चढ़ाए चुपचाप हॉल से बाहर भाग आया था। तीन बजे सुबह तक चेख़व पीटर्सबर्ग की सड़कों पर पागल की तरह भटकता फिर रहा था। उसने निश्चय कर लिया कि चाहे सात सौ साल और जीवित रहना पड़े—नाटक नाम की कोई चीज़ अब नहीं लिखनी। आज से नौ वर्ष पहले मॉस्को में खेले गए अपने 'आइवानोव' नाटक का जनता द्वारा किया गया ऐसा ही 'स्वागत' उसके दिमाग़ में घूम रहा था। दूसरे दिन अखबारों में उसने पढ़ा कि नाटकों के इतिहास में इससे अधिक असफल नाटक आज तक नहीं हुआ।

असल में जनता के लिए 'आइवानोव' की विषय-वस्तु और 'चेख़व' दोनों ही नए थे। अभी तक जनता तो जानती थी हास्यरस के प्रसिद्ध लेखक 'अन्तोन चेखोन्ते' को। चेख़व ने अपनी प्रारम्भिक रचनाएँ इसी नाम से लिखी थीं। और 'मास्को आर्ट थियेटर' द्वारा खेले गए उसी चेख़व के 'सी-गल', 'अंकल वान्या', 'थ्री सिस्टर्स', 'चैरी ऑर्चर्ड' ने नाटकों के इतिहास में अभूतपूर्व सफलता पाई, लेकिन पहली असफलताओं के प्रभाव ने उसे थियेटरों और अभिनेताओं के प्रति इतना कटु और असहिष्णु बना दिया कि उसने अक्सर लिखा : "तुम इन थियेटरों को शिक्षा और आत्मनिर्माण की जगह बताते हो। इनमें गुल-गपाड़े के सिवा कुछ भी नहीं होता। ये थियेटर शहर की बीमारियाँ हैं।" (प्लेश्चयेव को पत्र) तिख़ोनोव से एक बार उसने कहा था : "ऐसा लगता है कि हमारे यहाँ अभिनेताओं का असभ्य और अशिक्षित होना एक स्वयंसिद्ध नियम बन गया है ...जब ज़रा नए-नए होते हैं तो ये लोग हाथ-पाँव पटकते और ख़च्चरों की तरह हिनहिनाते हैं और जैसे ही ज़रा बड़े हुए तो दिन-रात शराब और अय्याशी में अपनी आवाज़ इत्यादि सबको ख़राब कर डालते हैं।" और उसी वातावरण में चेख़व के नाटकों

ने थियेटर के इतिहास और नाटकों के साहित्य में एक नई धारा को जन्म दिया। कुछ लोगों ने तो कहा कि शेक्सपियर के बाद 'चेरी का बगीचा' जैसा नाटक लिखा ही नहीं गया, तथा 'तीन बहनें' संसार के सर्वश्रेष्ठ नाटकों में से है। कहानीकार तो वह निर्विवाद रूप से संसार का श्रेष्ठतम है ही। किन्तु उसे कभी भी अपने लिखने से सन्तोष नहीं हुआ और उसने हमेशा ही अपने लिखे हुए को बड़ी हेय दृष्टि से देखा। उसने सुवोरिन नाम के अपने एक घनिष्ठ मित्र को लिखा था : "मेरा तो विश्वास है कि जो कुछ मैं लिखना चाहता था, और जिस उत्साह से मैं लिख सकता था—उस सबके मुक़ाबले में आज तक जो भी कुछ मैंने लिखा है, सब बेकार है। मेरे दिमाग़ में ऐसे लोगों—चरित्रों की पूरी पलटन भरी है जो दिन-रात अपनी मुक्ति के लिए प्रार्थना करते रहते हैं कि मैं एक शब्द कह दूँ और वे निकल पड़ें। मुझे बहुत दुःख होता है जब देखता हूँ कि आज तक मैंने जिन विषयों पर लिखा है, वे सब कूड़ा हैं; जबकि अच्छे-से-अच्छे विषय मेरे दिमाग़ के कबाड़खाने में पड़े सड़ रहे हैं।" अपनी आन्तरिक इच्छा को उसने लज़ारेव ग्रुज़िंस्की के पत्र में इस प्रकार व्यक्त किया है, "काश, मुझे चालीस साल का समय और मिल जाता तो मैं खूब पढ़ता और मेहनत से लिखना सीखता...अब क्या है?...जैसे बौने और हैं, एक मैं भी हूँ। मैंने अभी तक जो कुछ भी लिखा है, पाँच-दस साल में लोग सब भूल-भाल जाएँगे। लेकिन सन्तोष मुझे यही है कि मैंने जो रास्ता खोल दिया है, वह जीवित रहेगा। यही लेखक की दृष्टि से मेरी सबसे बड़ी सफलता होगी।"

असन्तोष और तटस्थता—चेख़व की सफलता के मूल रहस्य हैं। लेकिन इन दोनों विशेषताओं को प्राप्त करने के लिए उसे क्या मूल्य चुकाना पड़ा था, यह बहुत कम लोग जानते हैं। चूँकि लिखना उसे पैसे के लिए पड़ा इसलिए अपने लिखे से उसे कभी सन्तोष नहीं हुआ, और अपनी इस विवशता के प्रति तीव्र वितृष्णा ने उसमें अपनी रचनाओं, अपने समसामयिकों, सभी के प्रति एक ऐसी तटस्थता की भावना भर दी कि वह बड़ी निर्लिप्तता से सभी के प्रति अपने विचार प्रकट कर सकता था।

17 जनवरी, 1860 से 2 जुलाई, 1904 के बीच का लगभग 44 वर्षों का चेख़व का जीवन कुछ ऐसी असाधारण परिस्थितियों में विकसित हुआ कि उसमें चेख़व के प्रारम्भिक दिनों की पृष्ठभूमि हमेशा ही झलकती रही। हालाँकि चेख़व ने सुवोरिन को एक पत्र में लिखा कि उसने 'अपने भीतर से गुलाम की आखिरी बूँद तक निचोड़ फेंकी है', लेकिन यह सही है कि उसके पात्रों में छाई उदासी, निराशा की अमिट छाप उस 'गुलाम' की ही देन है। चेख़व के दादा, मिखाइलोविच चेख़व राजस्थानी गोली की तरह गुलाम थे, और उन्होंने 3500 रूबल देकर अपनी स्वतन्त्रता खरीदी थी। साथ ही अपने बेटे पावेल इगोरोविच चेख़व को उन्होंने एक जनरल स्टोर की दूकान भी खुलवा दी थी। इन्हीं के पाँच बेटे और एक लड़की चेख़व के भाई-बहन थे। पावेल का स्वभाव बहुत क्रूर था और वह बात-बात में अपने बच्चों को बुरी तरह मारते, पत्नी को गालियाँ सुनाते थे। अपनी गुलामी के दिनों में उन्होंने जनरल चेरत्ख़ोव को अपने नौकरों के साथ जो व्यवहार करते देखा था, ठीक वही व्यवहार वह अपने नौकरों से करते थे। उन्होंने चूँकि

रईसी और गुलामी एक ही जीवन में देखी थी, इसलिए रईसों की भी अच्छाइयों की जगह बुराइयाँ ही अधिक ग्रहण कीं। जब भी घर से बाहर निकलते थे तो बिल्कुल 'टिप-टॉप'। बच्चों को जबरदस्ती गिरजे भेजते, प्रार्थनाएँ कराते और ज़रा-सी ग़लती होने पर बुरी तरह मारते। बचपन की इसी क्रूरता ने चेख़व की 'आत्मा में एक ऐसा घाव' छोड़ दिया जिसकी पीड़ा वह जीवन के अन्तिम दिनों तक अनुभव करता रहा। 'कैदियों की तरह खड़े होकर प्रार्थना करने' की विवशता ने उसे ऐसा नास्तिक बना दिया कि आगे चलकर हर सिद्धान्त के प्रति उसका विश्वास टूट गया, और एक अजब अनास्था उसे मथती रही। कर्ज़दार हो जाने के कारण पूरा परिवार बाद में मॉस्को चला आया और चेख़व तागनरोग में ही पढ़ता रहा। स्कूल में वह बुद्धू क़िस्म के लड़कों में से था।

मॉस्को आकर उसने डॉक्टरी की पढ़ाई शुरू की। यह जीवन उसके कठिनतम संघर्षों का युग था। भाइयों के दुर्व्यसनों सहित पूरे परिवार का पालन और अपनी पढ़ाई। चेख़व ने ट्यूशन किए, दर्जी के यहाँ नौकरी की और गोर्की के अनुसार : "उसे जवानी की सारी शक्ति जीवित रहने के लिए झोंक देनी पड़ी।" उसने एक से अधिक बार कहा कि "मैंने कभी बचपन जाना ही नहीं।" स्कूल में भी हमेशा संगी-साथीहीन अकेले ही उसका समय बीतता। अपनी 'तीन वर्ष' शीर्षक लम्बी कहानी में लैवितन के बचपन के रूप में चेख़व ने बहुत कुछ अपना ही जीवन दिया है और इसी सबको लिखने को एक बार उसने सुवोरिन को पत्र में लिखा था : "यदि तुम लिख सकते हो तो एक ऐसे लड़के की कहानी लिखो जिसे ज़िन्दगी में सिवाय दुःख के कुछ नहीं मिला—अच्छा खाना-पहनना नहीं मिला। मार के सिवा जिससे कभी किसी ने प्रेम से बात नहीं की। स्कूल में हमेशा फिसड्डी रहा और अछूत की तरह माना जाता रहा।"

चेख़व की पहली रचना 'एक समझदार पड़ोसी को ख़त' थी जो 'ड्रैगन फ्लाई' नामक पत्रिका में छपी। फिर तो वह 'अलार्मक्लॉक' इत्यादि में निरन्तर लिखता रहा। उसे पता भी नहीं था कि उसका यह लिखना क्या प्रभाव पैदा कर रहा है। जब वह पहली बार मॉस्को से पीटर्सबर्ग आया तो उसका ऐसा स्वागत हुआ कि वह दंग रह गया। लोग उसे बड़ा कहानीकार मानने लगे थे और उन्होंने 'फ़ारस के शाह' की तरह उसका अभिनन्दन किया। अभी तक वह ए. चेखोन्ते के नाम से लिखता था। यहीं उसका परिचय प्रसिद्ध लेखक अलेक्सी सुवोरिन से हुआ और शीघ्र ही वह उसके पत्र 'नया ज़माना' में धारावाहिक रूप से लिखने लगा। यहाँ उसे अपनी रचनाओं के पैसे भी अधिक मिलते थे—बाद में तो इसी पत्र में 40 कॉपेक हर पंक्ति के हिसाब से मिलने लगा।

यद्यपि टॉल्सटॉय इत्यादि ने हमेशा ही कहा कि उसके लेखन में उसकी डॉक्टरी बाधक है, लेकिन स्वयं चेख़व का विचार था कि इसने उसके लेखन को अधिक तर्कसंगत और सन्तुलित किया और उसे दैनिक जीवन में होनेवाली ऐसी छोटी-छोटी ग़लतियों से बचा लिया है जो बड़े-से-बड़े लेखकों में पाई जाती हैं। उसने लिखा : "डॉक्टरी मेरी वैध पत्नी है और साहित्य प्रेयसी। मैं जब एक से ऊब जाता हूँ तो दूसरी के पास चला

जाता हूँ।" बाद में जब वह अपनी जायदाद मिलीख़ोवे में बस गया था तो तीन घंटे नियमपूर्वक लोगों को अपनी डॉक्टरी की सेवाएँ मुफ़्त देता था।

जब 1888 में उसे 'पुश्किन पुरस्कार' मिला तब तक लोग उसकी प्रतिभा को पहचान चुके थे और ग्रिगोरोविच के अनुसार उसमें वह प्रतिभा थी जो उसे नए लेखकों के मंडल से ऊँचा उठा देती है। यद्यपि साहित्य में बड़ी तेज़ी से उसका स्थान बनता जा रहा था लेकिन यह कचोट उसे खाए जा रही थी कि अपनी वैध पत्नी—डॉक्टरी—के प्रति उसका रवैया सख़्त हरामख़ोरी का है। उन दिनों के पत्रों में उसका यह मानसिक द्वन्द्व बड़े मुखर रूप में आया है। अचानक लोगों ने सुना कि हमेशा बीमार रहने वाला चेख़व कील-काँटे से लैस होकर साइबेरिया को पार करके लम्बी भयानक यात्रा का प्रोग्राम बनाकर साढ़े छः हज़ार मील दूर शाख़ालिन 'द्वीप' जाने के लिए निकल पड़ा है। उस समय ब्लादिवोस्तक से लेनिनग्राद तक जाने वाली संसार की सबसे बड़ी रेलवे लाइन नहीं बनी थी। अतः प्रायः सारा ही सफ़र घोड़ागाड़ी या नाव में तय करना था। शाख़ालिन द्वीप में उन दिनों रूस के आजन्म कारावास पाए क़ैदी भेजे जाते थे। डॉक्टरी को कुछ नई देन वह अपनी इस 'क्वक्ज़ोटिक' (स्वयं चेख़व ने ही अपनी यात्रा को यह नाम दिया) यात्रा से दे सकेगा : यही बात उस समय के उसके पत्रों में पाई जाती है। सुवोरिन और अपनी बहन मेरिया कैसीलेव को उस यात्रा का विस्तृत विवरण देते हुए चेख़व के पत्र, जहाँ एक ओर चेख़व के अदम्य साहस और अटूट निष्ठा के प्रमाण हैं, वहाँ संसार के पत्र-साहित्य की अमूल्य निधियाँ भी हैं। किस तरह बर्फ़ीली आँधियों, बाढ़ और दलदलों को पार करता हुआ बवासीर का बीमार, टी.बी. में खून थूकता वह व्यक्ति शाख़ालिन पहुँचा, सचमुच उस वर्णन को पढ़कर मन सिहर उठता है। लौटते समय उसने समुद्री रास्ता लिया और सिंगापुर-कोलम्बो होता हुआ लौटा। यह तीन महीने की यात्रा उसके जीवन और साहित्य में एक बहुत बड़ा मोड़ है। इसी यात्रा ने उसे टॉल्सटॉय के सत्याग्रह और आत्मसंयम वाले 'आत्मघाती' दर्शन से मुक्त किया।

शाख़ालिन का बाह्य वर्णन देते हुए यद्यपि उसने 'शाख़ालिन' नाम की पुस्तक लिखी, लेकिन उसकी मानसिक उथल-पुथल का विशद चित्र हमें उन्हीं दिनों लिखे गए उसके लघु उपन्यास 'टक्कर' में मिलता है। उसकी दूसरी लम्बी कहानी 'वार्ड नं 6' तथा 'मेरा जीवन' को आलोचकों ने अधिक महत्त्व दिया है, लेकिन मेरा विश्वास है कि लम्बी कहानी की कला की दृष्टि से ही नहीं; उन दिनों के चेख़व-मानस को समझने के लिए 'टक्कर' से अच्छा कोई उदाहरण नहीं है। उन दिनों उसने 'सुवोरिन' को एक पत्र में लिखा था : "मेरा तो कहना यह है कि हर लेखक को शाख़ालिन अवश्य ही जाना चाहिए। मैं भावुक नहीं हूँ। अगर होता तो यहाँ तक कहने को तैयार हो जाता कि हमें शाख़ालिन जैसी जगहों की उसी तरह तीर्थयात्रा करनी चाहिए, जैसे तुर्क मक़्क़ा की करते हैं...ऐसी जगह में केवल उसी देश को कोई दिलचस्पी नहीं हो सकती, जो शाख़ालिन में हज़ारों आदमियों को निर्वासन न देता हो और जिसका लाखों रुपया उस पर ख़र्च न होता हो। आस्ट्रेलिया के सिवा और ऐसी कौन-सी जगह है जहाँ क़ैदियों के पूरे-के-पूरे

उपनिवेश बसे हों? हम मन्दिरों में बैठकर मानवता की भलाई की प्रार्थना करते हैं; लेकिन कभी हमने सोचा है, शाख़ालिन जैसी जगह में मानव पर क्या बीतती है? शाख़ालिन ऐसी असहाय यन्त्रणाओं का स्थान है जिन्हें मानव के सिवा—चाहे वे गुलाम हों या स्वतन्त्र—कोई और सह ही नहीं सकता। कल्पना करो, हमने लाखों आदमियों को किस तरह सड़ने, मरने और कुत्तों की मौत पाने के लिए वहाँ छोड़ दिया है। कड़कड़ाती ठंड में ज़ंजीरों से बाँधकर हाँका है। हाँ, हमें अपने देश के कलंक इस शाख़ालिन को देखने की बेहद ज़रूरत है। दुःख मुझे यह था कि कोई और इस सबको देखने के लिए मेरे साथ नहीं था।'' वहाँ क़ैदियों पर किए जाने वाले अमानुषिक अत्याचारों को देखकर उसकी आँखों के आगे से जैसे एक पर्दा हट गया। उसने अपनी पुस्तक 'शाख़ालिन' में लिखा : ''क्या क़ैदियों का इस अत्याचार—कोड़ेबाज़ी, बेगार और भ्रष्टाचार—का प्रतिरोध न करना उनके अफ़सरों का 'हृदय-परिवर्तन' कर उन्हें अच्छा आदमी बना सकता है? वहाँ तो वर्षों से यही होता आ रहा है और अगर सचमुच 'पाप का प्रतिकार न करो' का सिद्धान्त कोई प्रभावशाली सिद्धान्त होता तो शाख़ालिन पहली जगह है जहाँ उसका प्रभाव दिखाई देना चाहिए था।''

'टक्कर' में लायव्स्की और वॉनकरेन के विचारों का संघर्ष उसके इसी मानसिक आन्दोलन को लेकर आता है। लायव्स्की भावुक, पराजयवादी और निकम्मे क़िस्म का व्यक्ति है जो दार्शनिक उक्तियों और आप्त वाक्यों में अपनी दुर्बलताओं को छिपाना चाहता है। जीव-वैज्ञानिक वॉनकरेन ठोस व्यावहारिक है—और अन्त में वैज्ञानिक व्यावहारिकता के साथ मानवतावाद की विजय होती है। 'वार्ड नं. 6' में तो डॉ. रागिन (जो टॉल्सटॉय के सिद्धान्तों का प्रतीक है और नौकर से पानी भी माँगने में हिचकता है) पागल होकर मरता है। वहाँ तो उस दर्शन को चेख़व ने पूरी तरह उतार फेंका है। अपनी पत्नी ओल्गा निपर को उसने लिखा था : ''अफ़सोस, मैं कभी भी टॉल्सटॉयवादी नहीं बनूँगा, क्योंकि मैं स्त्रियों में सबसे अधिक उनके सौन्दर्य को प्यार करता हूँ। मनुष्य के विकास में मुझे सुन्दर ग़लीचों, स्प्रिंगदार गाड़ियों और मेधा की तीव्रता के रूप में आने वाली संस्कृति पसन्द है।''

चेख़व के अन्य जीवनी-लेखकों ने—यहाँ तक कि उसके चचेरे भाई मिख़ाइल चेख़व तक ने—उसकी शाख़ालिन-यात्रा के एक कारण को काफ़ी हद तक नज़रअन्दाज किया है। शायद इसका कारण यह है कि इस बात का ज़िक्र उसके पत्रों में नहीं आया है और प्रसिद्ध आलोचक शुस्तोव के शब्दों में यह हमें स्वीकार करना होगा कि ''चेख़व की पूरी जीवनी कोई नहीं जानता।'' फिर भी डेविड मैगार्शक ने इस सिलसिले में उसकी महिला मित्र या प्रेमिका—लिडिया एविलोव—को लिखे गए पत्रों तथा एविलोव की पुस्तक 'मेरे जीवन में चेख़व' की ओर ध्यान खींचा है और किसी हद तक 'टक्कर' कहानी से इस बात की पुष्टि भी होती है।

सचमुच एविलोव से चेख़व की मित्रता एक पहेली बनकर उसके जीवन में आई। पीटर्सबर्ग में उसका नाटक 'आइवानोव' खेला जाने वाला था—और वह रिहर्सल के समय

वहीं था। पीटर्सबर्ग में वह 'पीटर्सब्बर्ग-ग़जट' के सम्पादक खुदकोव से मिलने गया। वहीं उसकी साली एविलोव मिली। वह एक बच्चे की माँ थी; लेकिन दोनों एक-दूसरे से इतने प्रभावित हुए कि प्रथम दर्शन में ही एक-दूसरे को घंटों आँखें फाड़े देखते रहे। एविलोव के शब्दों में : "हम दोनों एक-दूसरे की आँखों में ही देखते रहे; लेकिन उन्हीं दृष्टियों में हमने कितना कुछ विनिमय कर लिया था। मुझे तो ऐसा लगा जैसे मेरे भीतर एक विस्फोट हो उठा है—प्रकाश, आह्लाद और विजय का विस्फोट। मैं समझ गई कि चेख़व की भी हालत यही है।" और इन दोनों की अन्तिम मुलाक़ात वह थी जब 'सी-गल' का मॉस्को आर्ट थियेटर द्वारा चेख़व के लिए व्यक्तिगत रूप से अभिनय किया गया और बुलाने पर भी वह नहीं आई। चेख़व और लिडिया बिना एक-दूसरे के रह नहीं सकते थे और जब भी वे मिलते थे तो लड़ पड़ते थे। जो कुछ चेख़व चाहता था और प्राप्त नहीं कर सकता था, साथ ही जिसके बिना रह भी नहीं सकता था, उसी की कशमकश में वह शाख़ालिन की ओर चल पड़ा। 'टक्कर' कहानी में नायक लायव्स्की भी 'अन्ना कैरेनिना' की तरह एक विवाहित महिला नाद्या फ़्योदोरोव्ना को लेकर सुदूर काकेशस प्रांत में चला जाता है। 'सी-गल' नाटक के तीसरे दृश्य में 'नीना' प्रेम का संदेश ठीक लिडिया की तरह भेजती है। एक बार लिडिया ने जौहरी से बिल्कुल छोटी किताब की शक्ल का झुमका बनवाया—ज़ेबघड़ी की जंजीर में लटकने वाला। उसके एक तरफ खुदवाया गया 'चेख़व की कहानियाँ' और दूसरी तरफ़ 'पृष्ठ 267, लाइन छः-सात'। यह संकेत था चेख़व की 'पड़ोसी' कहानी की एक लाइन की ओर—"अगर तुम्हें कभी भी मेरे प्राणों की आवश्यकता पड़े, तो निःसंकोच आना और ले लेना।" और इसके बाद शायद मित्रता समाप्त हो गई।

चेख़व का विवाह हुआ 'मॉस्को आर्ट थियेटर' की प्रसिद्ध अभिनेत्री ओल्गा निपर से। वह उसके नाटक 'सी-गल' में आर्कदीना इरीना निकोलायेव्ना बनी थी। उसने उन दिनों सुवोरिन को लिखा : "मुझे ऐसा लगता है कि मैं तुम्हारी इरीना से प्रेम करने लगा हूँ।" मॉस्को आर्ट थियेटर चेख़व के नाटक खेलता रहा और दोनों एक-दूसरे के निकट आते गए। चेख़व इन दिनों 'मिलिख़ोवो' में था। विवाह के विषय में भी उसके विचार बड़े विचित्र थे। रोज़-रोज़ दिखने वाली पत्नी के पक्ष में वह नहीं था—वह तो ऐसी पत्नी चाहता था जो चाँद की तरह दिखे और छिप जाए। उनका विवाह मॉस्को के एक एकान्त गिरजे में हुआ। उस समय केवल ओल्गा निपर की ओर के दो आदमी थे।

मॉस्को के बिना चेख़व रह नहीं सकता था और वहाँ का जलवायु उसे वहाँ रहने नहीं देता था। अतः कभी मॉस्को और कभी बाहर आते-जाते ही उसका समय बीता। अन्तिम दिनों में जब उसकी तबीयत बहुत ख़राब हो गई तो पति-पत्नी जर्मनी के बीदनकीलर क्लीनिक चले गए, और वहीं उसकी मृत्यु हुई। वास्तव में वह इतनी प्रचंड जिजीविषा वाला व्यक्ति था कि उसने बीमारी से कभी हार नहीं मानी। उसने अपने एक मित्र को लिखा था : "बीमारी से लड़ना मेरा स्वभाव बन गया है। बिल्कुल ऐसा लगता है कि एक राक्षस है जो हमेशा मेरे सामने रहता है। कभी वह मुझे पछाड़ देता

है, कभी मैं उस पर चढ़ बैठता हूँ।'' मृत्यु के कुछ मिनट पहले तक वह अंग्रेज़ों और अमेरिकनों के खाऊपन पर एक ऐसा मज़ेदार क़िस्सा निपर को सुना रहा था कि वह मारे हँसी के सोफ़े पर दुहरी हो गई थी। चेख़व के अन्तिम समय का जो हृदयस्पर्शी वर्णन निपर ने दिया है, वह 'व्यक्ति' चेख़व के साहस का अद्वितीय उदाहरण है : ''बात करते-करते उसे दौरा आ गया, जीवन में पहली बार उसने डॉक्टर के लिए कहा। डॉक्टर आया तो उसने शैम्पेन दी। बड़े विचित्र ढंग से मुस्कुराकर चेख़व ने कहा—'बहुत दिन हो गए हैं शैम्पेन पिए।' और जर्मन में बोला—'अब मैं जा रहा हूँ।' ''

चेख़व को नीचता, ओछेपन और गन्दगी से सदैव ही घृणा रही—वह इनका कट्टर दुश्मन था। इनको उसने कभी भी क्षमा नहीं किया और गोर्की के अनुसार मृत्यु के बाद जैसे इन्हीं सब चीज़ों ने उससे मिलकर बदला लिया : ''उसकी शवयात्रा में मुश्किल से सौ आदमी थे। उनमें से दो वकील तो मुझे अभी भी याद हैं। दोनों नए जूते और रंगीन टाइयाँ पहने थे और दूल्हों-से लग रहे थे। पीछे चलते हुए मैंने सुना, एक तो कुत्तों की बुद्धिमत्ता पर बहस कर रहा था, और दूसरा अपने गाँव के घर के आराम तथा आसपास के दृश्यों का बखान कर रहा था।''

गोर्की, स्तेनिस्लेव्स्की, प्लेश्चयेव, कोरोलैंको, टॉल्सटॉय इत्यादि चेख़व के घनिष्ठ मित्रों में से थे। ओल्गा निपर और एविलोव के पत्रों में, जो प्रेम-पत्रों के अद्‌भुत उदाहरण हैं, उसने जिस ढंग से गोर्की का ज़िक्र किया है, उससे तो ऐसा लगता है कि पुरुष मित्रों में सबसे अधिक स्नेह उसे गोर्की से ही था। एविलोव को उसने लिखा : ''तुम गोर्की से मिली हो? देखने में वह आवारा-सा लगता है; लेकिन वास्तव में वह बहुत ही शिष्ट और सभ्य व्यक्ति है। स्त्रियों से बहुत शर्माता है। मैं चाहता हूँ, उसे कुछ स्त्रियों से मिलाऊँ।'' उसने स्वयं गोर्की को लिखा : ''तुम सचमुच प्रतिभाशाली व्यक्ति हो। तुम्हारी 'खादरों में' कहानी पढ़कर मैं बहुत ही प्रसन्न हुआ। वाह! क्या कहानी है! काश, वह मैंने लिखी होती।'' जब वह याल्टा में था तो गोर्की उनके घर आकर अपने जीवन के अनुभवों के अक्षय भंडार में से अजब-अजब क़िस्से चेख़व-दम्पति को सुनाया करता था। लेकिन उसने गोर्की के 'गढ़े हुए मनोविज्ञान' और 'गूँजने गरजने' वाले शब्दों, छायावादी शैली की सूक्ष्म अभिव्यक्ति की बेलौस आलोचना की। गोर्की ने अपना 'फ़ोमागार्जयेव' उपन्यास चेख़व को भेंट किया है, और शायद सबसे अधिक कटु आलोचना चेख़व ने उसकी ही की है। फिर भी जब चेख़व को राज्य की 'साइन्स अकादमी' का सदस्य चुना गया, लेकिन गोर्की के राजनैतिक विचारों के कारण, 'ज़ार' ने व्यक्तिगत हस्तक्षेप करके गोर्की की सदस्यता छीन ली, तो चेख़व और कोरोलैंको ने स्वयं विरोधस्वरूप सदस्यता से त्याग-पत्र देकर राज्य के सबसे बड़े सम्मान को ठुकरा दिया। इसी तरह ज़ोला का लिखना उसे कभी पसन्द नहीं आया, लेकिन जब उसे कैप्टेन ड्रीफ़ुस के सिलसिले में झूठा मुक़दमा चलाकर सज़ा हो गई, तो उन्हीं दिनों सुवोरिन के पत्र 'नया ज़माना' को अधिकारियों का पक्ष लेता हुआ देखकर उसका खून खौल उठा। उसने अपने भाई मिखाइल को लिखा : ''यह सुवोरिन ज़रा भी अच्छा आदमी नहीं है।...मेरा मन नहीं

होता कि उसे पत्र लिखूँ...न चाहता हूँ कि वह मुझे लिखे...।''

साहित्य की तीन विधाओं में चेख़व संसार के सर्वश्रेष्ठ लेखकों में है : कहानी, नाटक और व्यक्तिगत पत्र—और तीनों में ही उसका निश्छल 'महान् मानव हृदय' बोलता है।

चेख़व की कला और विषयवस्तु की एकमात्र विशेषता है—सादगी और बनावट से बचना। कहानी को इतने सादे और सीधेपन से अनायास ही वह प्रारम्भ और समाप्त कर देता है कि पाठक चकित रह जाता है। उसमें तकनीक और शिल्प के ओ. हैनरी जैसे कमाल नहीं हैं। सामाजिक आडम्बर को तेज़ नश्तरी चाकू की तरह इस्तेमाल करके वह मोपासाँ की तरह पाठक को स्तम्भित नहीं करता—बल्कि ऐसी स्वाभाविकता से अपनी कहानी को कहना प्रारम्भ कर देता है कि उसकी कथा, उसके पात्र, वार्तालाप सब कुछ हमारे हृदय की धड़कनों के साथ मिल जाते हैं; वर्षों याद रहते हैं! उसकी नाचने वाली लड़की का कथानक अगर मोपासाँ के पास होता तो शायद वह 'सिग्नल' से भी अधिक तीखा व्यंग्य लिख डालता। उसकी कहानी 'चुड़ैल', 'घोड़ा चोर', 'काला संन्यासी', 'प्रियतमा पड़ोसी', 'चुम्बन', 'दलदल' इत्यादि जैसे अपने साथ हमें विभिन्न वातावरणों में घुमाती हैं। 'दलदल' का कथानक 'नाना' के उस हिस्से की याद दिलाता है जहाँ जॉर्ज और फिलिप्पे दोनों भाई नाना के पास आते-जाते हैं। लेकिन ज़ोला और चेख़व में फ़र्क़ है। मुझे तो सबसे अधिक आकर्षित चेख़व की इस बात ने किया है कि न तो उसमें तीखापन है और न उसके पास 'विलेन' है। व्यंग्य और हास्य संसार के किसी भी लेखक से उसके पास कम हैं, यह कहना ग़लत होगा; लेकिन उसका व्यंग्य तिलमिलाने वाला व्यंग्य नहीं, रुलाने वाला व्यंग्य है—जैसे 'दिल का दर्द' या 'दूसरा शमादान' कहानी में। और, जब वह हँसता है तो बिना किसी द्वेष के जी खोलकर हँसता है, जैसे 'अपराधी', 'गिरगिट' इत्यादि कहानियों में। सचमुच कितने छोटे-छोटे विषयों पर उसने कहानियाँ लिखी हैं—लेकिन कितनी प्रभावशाली और स्मरणीय! उसकी 'प्रियतमा' कहानी की आलोचना करते हुए टॉल्सटॉय ने लिखा था : ''अद्वितीय चुहल और हास्य के बावजूद, मेरी आँखों में तो कम-से-कम इस आश्चर्यजनक कहानी के कुछ हिस्सों को पढ़कर बिना आँसू आए नहीं रहे।''

उसका स्वयं का विचार था कि आप संसार की हर चीज़ के साथ चालाकी और धोखा कर सकते हैं, लेकिन कला के सामने तो आपको मुक्त हृदय से ही आना होगा। या ''साहित्य एक ऐसी मरखनी पत्नी है जो आपसे पूरी ईमानदारी की माँग करती है!'' अलेक्जेन्द्र को उसने पत्र लिखा था : ''लेखक की मौलिकता उसकी शैली में ही नहीं, उसकी आस्थाओं और उसके विश्वासों के रूप में भी अपने आपको अभिव्यक्त करती है।''

उसके जीवन-काल में स्कैविशेव्स्की और मरते ही शुस्तोव जैसे आलोचकों ने उसके विषय, पात्रों के अत्यन्त ही साधारण और उपेक्षणीय होने की शिकायत की थी। शुस्तोव ने तो उसकी असहाय मृत्योन्मुख कातरता को ही उसकी रचनाओं, उसके सभी पात्रों

का मूल मानकर उसके साहित्य की व्याख्या कर डाली। अपने प्रसिद्ध लेख में वह लिखता है : "हालाँकि ऐसे भी आलोचक थे जो कहते थे कि 'वह कला कला के लिए' के सिद्धान्त का गुलाम था और उन्होंने उसकी तुलना एक उड़ते हुए निश्चिंत पक्षी से कर डाली है, लेकिन सच्चाई तो यह है कि उसका अपना उद्देश्य ही अलग है। मैं तो एक शब्द में कहूँगा कि वह निराशावाद का कवि था।" आगे वह कहता है कि चेख़व में "हर जगह आपको वही निराशावाद, बीमारी, अनिवार्य मृत्यु ही मिलेगी, जैसे कहीं कोई आशा न हो, यथास्थिति में रत्ती-भर परिवर्तन की गुंजाइश न हो!" लेकिन चेख़व की इसी सच्चाई को कालनिन ने दूसरी तरह स्वीकार किया है कि तत्कालीन रूसी हृदय को समझने के लिए चेख़व से अधिक सही, सच्ची और जीवित तस्वीर हमें कहीं नहीं मिल सकती। यही वह रूसी हृदय था जो सन् 1917 की महान् क्रान्ति के लिए तैयार हो रहा था। अगर चाहें तो कह सकते हैं कि रूसी हृदय की वास्तविकता को चेख़व ने पकड़ा और उसकी महत्त्वाकांक्षाओं, परिवर्तन की अदम्य इच्छा को गोर्की ने ऊँचा उठाया। अपनी विवशता को चेख़व ने बड़ी ईमानदारी से स्वीकार किया है : "अक्सर मेरी भर्त्सना की गई है—और उन भर्त्सना करने वालों में टॉल्सटॉय भी हैं—कि मैंने बहुत छोटी-छोटी चीज़ों पर लिखा है, मेरे पास कर्मठ नायक नहीं हैं, अलेक्जेन्द्र और मैकेदोन जैसे क्रान्तिकारी नहीं हैं, यहाँ तक कि लेस्कोव की कहानियों जैसे ईमानदार पुलिस इंस्पेक्टर भी नहीं हैं। लेकिन आप बताइए, यह सब मैं कहाँ से लाता? घोर साधारण हमारा जीवन है, हमारे शहर ऊबड़-खाबड़ और गाँव गरीब हैं। लोग जीर्ण-शीर्ण हैं। जब हम लोग बच्चे होते हैं तो चूहों, गिलहरियों की तरह घूरों पर आनन्द से खेलते हैं—और जब चालीस पर पहुँचते हैं तब तक बूढ़े हो चुके होते हैं—मृत्यु के बारे में सोचना शुरू कर देते हैं ...सोचिए तो सही, किस तरह के नायक हम लोग हैं?" (मोरोजोव के यहाँ तिख़ानोव से वार्तालाप)। शायद इन्हीं सब आक्षेपों से क्षुब्ध होकर उसने अपनी नोटबुक में लिखा : "हमारे शहरों की ज़िन्दगी में कोई निराशावाद नहीं है, कोई मार्क्सवाद नहीं है, किसी भी तरह की कोई हलचल नहीं है; अगर कुछ है तो वह है अवरोध, बेवक़ूफी और छिछलापन।" और इसीलिए उसने जिस यथार्थवाद को अपनाया, वह था : "आदमी तभी अच्छा बन सकेगा जब आप उसे दिखा दें कि वास्तव में वह है क्या।" (नोटबुक, 55)। यों शुस्तोव की तरह यह कह देना शायद उसके साथ बहुत बड़ा अत्याचार है कि "वस्तुतः चेख़व का वास्तविक और एकमात्र हीरो हताश मनुष्य है। सिवा पत्थर पर सिर फोड़ने के जीवन में जिसके लिए कोई काम ही नहीं बचा है।"

यह ठीक है कि किसी भी प्रकार का 'लेबिल' लगाए जाने से उसे घृणा थी : "कुछ विशेष बातों से ऊपर न उठ पाने की सामर्थ्य ही मनुष्य के पूर्वग्रहों की जड़ है...कलाकार को तो तटस्थ दर्शक होना चाहिए। मैं न तो उदार-पंथी हूँ, न पुराण-पंथी...मुझे तो स्वतन्त्र कलाकार होना पसन्द है।" और उसने 1889, अक्तूबर में प्लेश्चयेव को लिखा कि "उन लोगों से मुझे शुरू से डर रहा है जो उदारपंथी या रूढ़िपंथी—इन खेमों में मुझे बाँटकर देखना चाहते हैं। मैं साधु, सन्त, उदार, रूढ़ कुछ भी नहीं हूँ, इसलिए इन लेबिलों

को दुराग्रह मानता हूँ। ये ट्रेडमार्क खतरनाक हैं।'' उसकी इसी प्रकार की उक्तियों के आधार पर हिन्दी में श्री बनारसी दास चतुर्वेदी जैसे लेखक उसे उसके शेष जीवन से काटकर 'शुद्ध कलाकार' सिद्ध करके पूजने लगते हैं; लेकिन इसके साथ ही मैं प्लेश्चयेव को लिखे गए इसी पत्र के अगले हिस्से की ओर भी उनका ध्यान आकृष्ट करूँगा : ''मेरी पवित्रतम आराध्य है मानवता, (हवाई मानवता नहीं—ले.) मानव का शरीर—स्वास्थ्य, बुद्धि, प्रतिभा, प्रेम और मुक्ति—झूठ और द्वेष से मुक्ति।'' ग्रिगोरोविच को उसने लिखा : ''जो व्यक्ति किसी से डरता नहीं है, किसी को प्रेम नहीं करता और किसी भी वस्तु की आकांक्षा नहीं करता, वह और चाहे जो बन जाए, कलाकार नहीं बन सकता।'' और लिडिया को लिखा गया वाक्य तो इन सब आरोपों का एक साथ जवाब है : ''मैं मानवता के लिए कुछ कर रहा हूँ, यही एक भाव है जो मुझे जीवित रखे है, वरना मैं कब का आत्महत्या कर चुका होता।'' 'मॉस्को आर्ट थियेटर' की स्थापना के समय का संस्मरण लिखते हुए स्तेनिस्लेव्स्की ने कहा है : ''जीवन को सुन्दरतर बनाने के जो भी प्रयत्न होते थे उन सबसे उसे हार्दिक प्रसन्नता होती थी।''

हाँ, चेख़व सिद्धान्तहीन कोरी नारेबाजी के ख़िलाफ़ था। उसने अपनी नोटबुक (81) में लिखा है : ''अगर आप चिल्लाते हैं, 'आगे बढ़ो!' तो निश्चित रूप से आपको आगे बढ़ने का रास्ता बताना होगा। क्योंकि बिना दिशा बताए अगर आप अपने इन शब्दों से एक क्रान्तिकारी और संन्यासी दोनों को साथ-साथ उत्तेजित कर देते हैं तो वे निश्चित रूप से दो विरोधी दिशाओं की ओर बढ़ते चले जाएँगे।'' इसके अलावा डॉक्टरी द्वारा अपने स्थान के आसपास के गाँवों की जिस निष्ठा से वह सेवा करता था—उसकी शाख़ालिन-यात्रा या जीवन की अन्य ऐसी ही बीसियों घटनाएँ हैं जो बताती हैं कि वह 'तटस्थ' और 'शुद्ध कलाकार' नहीं था, बल्कि सक्रिय राजनैतिक सिद्धान्तों को न अपना पाना उसकी सबसे बड़ी कमज़ोरी थी। इस दिशा में उसकी अपनी कहानी 'प्रियतमा' विचित्र तरह से उसके जीवन से मिलती है। ओलेंका बिना किसी के प्यार का आधार पाए रह नहीं सकती और एक के बाद दूसरे के प्यार में अपने को डुबाती जाती है। इसी प्रकार चेख़व के विचारों की यात्रा के भी चार टिकाव हैं—लेनिन, सुवोरिन, टॉल्सटॉय और गोर्की। अपने अन्तिम दिनों में तो वह गोर्की से इस हद तक सहमत हो गया कि ''ईसाइयत और सामाजिक दोनों दृष्टिकोणों से 'फिलिस्तीनवाद' को पाप मानता है। नदी के बाँध की तरह यह हमेशा जीवन में गतिरोध पैदा कर देता है और गोर्की के ये शराबी, गँवार और आवारा ही इस गतिरोध के ख़िलाफ़ सबसे सही इलाज दिखाई देते हैं। हालाँकि इससे गतिरोध एकदम तो नहीं टूटता फिर भी एक भयानक दरार उसमें जरूर पड़ जाती है।'' (2 फरवरी, 1903 को सुस्वातोव को पत्र); तथा इन्हीं दिनों अपनी कहानी 'दुल्हन' (1903) में उसने लिखा : ''हाँ, बहुत जल्दी ही वह नया स्वच्छ जीवन आने को है, जब हर आदमी शान्त और निर्भय होकर अपने भाग्य की आँखों में आँखें डालकर देख सकेगा—सच्ची प्रसन्नता अनुभव कर सकेगा।'' और 'तीन बहनें' नाटक का नायक कहता है : ''समय आ गया है, एक भयंकर दुर्जेय तूफ़ान उठने वाला है।

'चेरी का बगीचा' की प्रस्तुति से कुछ दृश्य

यह तूफ़ान हमारी ओर बढ़ता चला आ रहा है, बहुत पास आ गया है। शीघ्र ही हमारे समाज की काहिली, मुर्दनी, मेहनत को घृणा से देखने की भावना और सड़ी-गली गन्दगी को यह उखाड़ फेंकेगा।'' और उसने डायरी में लिखा : ''यह राज-सत्ता बड़ी जल्दी ही चूर-चूर हो जाएगी, चारों तरफ़ ग़रीबी और भुखमरी है। ग़रीब लोग फटे कपड़े पहने जोकरों-से लगते हैं।'' इन वाक्यों के साथ ही हमें हमेशा यह भी याद रखना चाहिए कि चेख़व ने फैशन और शौक के लिए कभी कोई बात नहीं कही। उसका हमेशा आग्रह रहा (उसने अपने भाई अलेक्जेन्द्र को लिखा) : ''उस दुःख- तक़लीफ़ का वर्णन मत करो, जिसे तुमने स्वयं अनुभव नहीं किया—न उस दृश्य का वर्णन करो जिसे तुमने देखा ही नहीं।''

जीवन का कोई व्यावहारिक सिद्धान्त उसके सामने नहीं था, इसका स्वयं उसे कम दुःख नहीं रहा। दो-एक बार उपन्यास लिखने की कोशिश करने पर भी जब वह सफल नहीं हुआ तो उसने ग्रिगोरोविच को बड़े दुःखी मन से लिखा : ''जीवन की कोई राजनैतिक, दार्शनिक और धार्मिक रूपरेखा मैंने अपने सामने नहीं रखी—और जो कुछ थी भी वह मैं हर महीने बदलता रहा, इसीलिए कि मुझे अपने को सिर्फ़ इन्हीं वर्णनों में बाँधकर सन्तोष करना पड़ा कि कैसे मेरे पात्र प्यार करते हैं, बच्चे पैदा करते हैं, बात करते हैं और मर जाते हैं।''

चेख़व की महत्त्वाकांक्षा, अकुलाहट और विवशता सभी को गोर्की की इस कल्पना में कितनी सुन्दर अभिव्यक्ति मिली है : ''मानो चेख़व, उदास और दुःखी ईसा की तरह मुरझाए, निर्जीव और हताश लोगों की भीड़ के सामने से गुज़र रहा हो और मन-ही-मन पीड़ा से कराह उठता हो—'भाई, सचमुच तुम बहुत बुरी दशा में हो'।''

इस संक्षिप्त परिचय के साथ मैं चेख़व के नाटकों का अनुवाद प्रस्तुत कर रहा हूँ। भारत का सामान्य नागरिक आज बड़ी तेज़ी से अपनी राष्ट्रीयता के प्रति सचेत होने के साथ-साथ विश्व-धरातल पर उठ रहा है। राजनैतिक मताग्रहों में, विश्व की बात करते समय हो सकता है, हम 'लोहे की दीवार' के दूसरी ओर की दुनिया को भूल जाएँ; लेकिन विश्व-साहित्य की (विशेष रूप से कथा-साहित्य की) बात बिना रूसी दिग्गजों के, एक क़दम नहीं चल सकेगी। आज भी अगर विश्व के सारे कथा-साहित्य से छः मूर्धन्य नाम छाँटने की बात आए तो तीन केवल रूस से और दो फ्रांस से लेने होंगे।

इन नाटकों के बारे में मैं जानबूझकर कुछ नहीं कह रहा—इब्सन, चेख़व और शॉ की त्रिमूर्ति आज के नाटक अध्येता के लिए सुपरिचित है।

पात्र

श्रीमती रैनिव्स्काया : (ल्युवोब आन्द्रेयव्ना) चेरी के बगीचे की मालकिन

आन्या : रैनिव्स्काया की 17 वर्षीया पुत्री

वार्या : रैनिव्स्काया की 20 वर्षीया दत्तक-पुत्री

गायेव : (लियोनिद एन्द्रीएविच) रैनिव्स्काया का भाई

लोपाखिन : (यार्मोलाय अलैक्सीएविच) एक व्यापारी

त्रोफ़िमोव : (प्योत्र सर्जीएविच) एक विद्यार्थी

सिम्योनोव पिश्चिक : ज़मींदार

शार्लोटा आइवानोव्ना : गवर्नेस

एपिखोदोव : (सिम्यन पैन्तालियेविच) क्लर्क

दुन्याशा : नौकरानी

फ़ीर्स : नौकर, उम्र 87 साल

याशा : नौजवान नौकर

एक मुसाफ़िर, स्टेशन मास्टर, पीस आफ़िस का अफ़सर,
अतिथि लोग और नौकर

घटनास्थल

श्रीमती रैनिव्स्काया का बगीचा

अंक एक

[एक कमरा जिसे अब भी बच्चों का कमरा कहते हैं। इसका एक दरवाज़ा आन्या के कमरे में जाता है। झुटपुटे का समय है और घटनाक्रम के बीच में ही सूरज उगता है। मई का महीना लग चुका है। चेरी के पेड़ों पर फूल आए हुए हैं; लेकिन बगीचे में सुबह की ओस और ठिठुरन है। खिड़कियाँ बन्द हैं]

[दुन्याशा का मोमबत्ती और लोपाखिन का एक किताब लिए हुए प्रवेश]

लोपाख़िन : शुक्र है, गाड़ी आ गई! बजा क्या है?

दुन्याशा : करीब दो बजे होंगे **(मोमबत्ती बुझा देती है)** दिन तो निकल ही आया अब।

लोपाख़िन : कितनी लेट है गाड़ी? कम-से-कम दो घंटे तो होगी ही। **(जँभाई लेकर अंगड़ाई लेता है)** मैं भी कैसा कमाल का आदमी हूँ। यहाँ स्टेशन पर उन लोगों से मिलने के लिए आया और पड़कर सो गया....कुर्सी पर बैठते ही आँख लग गई...सचमुच बड़ा बुरा हुआ...मुझे जगाया क्यों नहीं तुमने?

दुन्याशा : मैं तो समझी, आप चले गए होंगे। **(कुछ सुनकर)** लो, ज़रूर वे लोग ही आ रहे हैं गाड़ी पर।

लोपाख़िन : **(सुनता है)** नहीं...उनका सामान, इधर-उधर का ताम-झाम भी तो लेना होगा **(रुककर)** पाँच साल विदेशों में रही हैं श्रीमती रैनिव्स्काया—पता नहीं अब कैसी हो गई होंगी?...वाह क्या औरत है !...कितना अच्छा स्वभाव, कितनी रहमदिल! जब मैं पन्द्रह साल का लड़का था, तब की मुझे याद है। उस समय मेरे स्वर्गीय पिताजी यहीं गाँव में छोटी-सी दूकान किया करते थे। उन्होंने एक बार जोर का मुक्का मारकर मेरी नाक को लहू-लुहान कर दिया था। यहीं आँगन में तो थे ही हम लोग। पता नहीं क्यों आए थे वे। खूब पिए हुए थे। मुझे सब ऐसे याद है जैसे अभी कल की बात हो। श्रीमती रैनिव्स्काया तब लड़की ही थीं...एकदम पतली-दुबली! ये मुझे मुँह धुलाने ले गईं फिर इसी कमरे में...इस

बच्चों के कमरे में ले आईं–'मूजिक (किसान) बेटे, रोओ मत।' आप कहती हैं... ''अपनी शादी के दिन रोना, तब अच्छा लगेगा...'' **(रुककर)** मूजिक बेटा! ठीक है; मेरे पिता काश्तकार थे, लेकिन अब देखो मुझे : सफेद झकझकाती बास्कट–बादामी जूते...जैसे धूल में हीरा निकल आए। हाँ, मैं रईस हूँ, लेकिन सोचो तो, अपनी सारी धन-दौलत के बावजूद मैं किसान था और भीतर से अब भी किसान ही हूँ...**(किताब के पन्ने पलटता है)** इस किताब को पढ़े चला जा रहा हूँ और कुछ सिर-पैर ही समझ में नहीं आ रहा...पढ़ते-पढ़ते ही नींद आने लगी।

[कुछ देर चुप्पी]

दुन्याशा : सारी रात जागे हैं कुत्ते भी। उन्हें भी पता लगता होगा कि मालकिन आ रही हैं।

लोपाख़िन : अरे, यह तुम्हें क्या हो गया दुन्याशा...?

दुन्याशा : पता नहीं क्यों, मेरे हाथ काँपने लगे हैं। अरे, मैं तो बेहोश हुई जा रही हूँ।

लोपाख़िन : दुन्याशा! तुम्हारे साथ मुसीबत यह है कि तुम बड़ी नाजुक मिजाज़ बनती हो। कपड़े भी तुमने बड़े-घरों की लड़कियों जैसे पहन रखे हैं—और अपना बाल बनाने का ढंग तो देखो। यह सब अच्छी बातें नहीं हैं। आदमी को खुद अपनी हैसियत समझनी चाहिए।

[गुलदस्ता लेकर एपिखोदोव का प्रवेश। उसने एक जाकेट और बुरी तरह चरमराने वाले चमकदार जूते पहन रखे हैं। प्रवेश करते हुए गुलदस्ता गिरा देता है]

एपिखोदोव : **(गुलदस्ता उठाते हुए)** यह माली ने भेजा है। कहता है यह खाने वाले कमरे में लगेगा।

[दुन्याशा को गुलदस्ता देता है]

लोपाख़िन : और मुझे ज़रा 'क्वास' (जौ की शराब) भी दे जाना।

दुन्याशा : जी, अच्छा।

[जाती है]

एपिखोदोव : आज की सुबह बहुत ठंड है। तीन डिग्री कोहरा है; फिर भी चेरी के फूलों पर बहार है। यह अपने यहाँ की आबो-हवा मुझे बिल्कुल अच्छी नहीं लगती **(गहरी साँस लेता है)** नहीं; बिल्कुल नहीं...। यहाँ का मौसम तो जैसे समय के हिसाब से चलना जानता ही नहीं...। यार्मोलाय अलैक्सीएविच, मैं ज़रा आपसे अपने जूतों के बारे में कुछ पूछना चाहता हूँ। परसों मैंने खुद इन्हें खरीदा था और ये कम्बख्त ऐसी बुरी तरह चरमराते हैं कि खुदा की पनाह! इनमें

कौन-सा तेल लगाऊँ?

लोपाख़िन : अच्छा, यहाँ से भागते नज़र आओ। तुम्हारे मारे तो मेरी नाक में दम है।

एपिखोदोव : मेरे ऊपर रोज़ एक-न-एक मुसीबत ही रहती है। मगर मैं तो कभी नहीं रोता, मुझे इनकी आदत पड़ गई है। हमेशा मुस्कराता रहता हूँ।

[दुन्याशा का प्रवेश। लोपाख़िन को 'क्वास' देती है]

एपिखोदोव : तो मैं चलता हूँ (**एक कुर्सी से जा टकराता है। कुर्सी लुढ़क जाती है**) वाह! (**जैसे कोई बड़ी भारी विजय का काम कर दिया हो**) देखा! माफ कीजिए, उन्हीं मुसीबतों और दुर्घटनाओं में से एक यह भी है! सचमुच, आफ़त है।

[चला जाता है]

दुन्याशा : यार्मोलाय अलैक्सीएविच, आपको एक बात बताऊँ। एपिखोदोव ने मुझसे शादी का प्रस्ताव किया था।

लोपाख़िन : हाँ!

दुन्याशा : समझ में नहीं आता क्या करूँ। आदमी तो बड़ा सज्जन; बड़ा भला है। पर पता नहीं कभी-कभी वह क्या बोलता है कि कुछ पल्ले ही नहीं पड़ता। बात बड़े अच्छे ढंग से करता है, मन को सुहानी भी लगती है, लेकिन मतलब समझ में नहीं आता। वैसे यह मुझे पसन्द है। ये तो मेरे पीछे पागल ही है। बेचारा बड़ा अभागा है...इसके साथ रोज़ कुछ-न-कुछ होता ही रहता है....। इसी को लेकर ये लोग इसे तंग करते हैं। उसका नाम इन्होंने 'बाईस-मुसीबतें' रख दिया है।

लोपाख़िन : (**आवाज सुनकर**) लो, अब की बार वे ही लोग आ रहे हैं।

दुन्याशा : वे ही लोग आ रहे हैं। हाय, यह मुझे क्या हो गया? सारा बदन ठंडा पड़ा जा रहा है।

लोपाख़िन : हाँ-हाँ, वही लोग तो आ रहे हैं। आओ, बाहर चलकर उनसे मिल लें। पता नहीं वे मुझे पहचान लेंगी या नहीं? उन्हें देखे पाँच साल हो गए।

दुन्याशा : (**काँपते हुए**) अरे मैं तो एकदम बेहोश हुई जा रही हूँ—अरे मैं गिरी....।

[घर के पास तक दो गाड़ियों के आने की आवाज़ें। लोपाख़िन और दुन्याशा तेज़ी से बाहर चले जाते हैं। रंगमंच ख़ाली है। बग़ल के कमरे में शोरगुल सुनाई देता है। अपनी बेंत पर झुका हुआ फ़ीर्स तेज़ी से मंच पार करके चला जाता है। यह श्रीमती

रैनिव्स्काया से मिलने स्टेशन गया हुआ था। पुराने ढंग की वर्दी और ऊँचा-सा टोप पहने हुए है। आप-ही-आप बोल रहा है]

एक आवाज : आओ, इधर भीतर चलें।

[श्रीमती रैनिव्स्काया, आन्या और छोटे-से कुत्ते की जंजीर पकड़े शार्लोटा आइवानोव्ना का प्रवेश। सभी सफ़री कपड़ों में हैं। वार्या कोट पहने और सिर पर रूमाल बाँधे है। गायेव सिम्योनोव पिश्चिक, लोपाख़िन, दुन्याशा–छाता और एक थैला लिए हुए हैं। नौकर दूसरे सामान लिए हुए है। सब मंच पार करते हुए चले जाते हैं]

आन्या : आइए, इधर से चलें। अम्मा तुम्हें याद है यह कौन-सा कमरा है?

रैनिव्स्काया : **(आनन्दविह्वल गद्गद कंठ से)** बच्चों का कमरा।

वार्या : कैसी ठंड है। मेरे हाथ तो सुन्न हो गए **(श्रीमती रैनिव्स्काया से)** अम्मा, तुम्हारे सफ़ेद और बैंगनी वाले कमरे बिल्कुल ज्यों-के-त्यों हैं, जैसे तुमने छोड़े थे।

रैनिव्स्काया : बच्चों का कमरा! मेरा प्यारा, सुन्दर कमरा!....जब मैं छोटी थी तो यहीं सोया करती थी....**(रो पड़ती है)** अब मुझे लगता है जैसे फिर से बच्ची हो गई होऊँ **(अपने भाई और फिर वार्या का चुम्बन लेती है–भाई को दुबारा चूमती है)** वार्या तो बिल्कुल नहीं बदली....वही हमेशा की **'नन'** (साध्वी) जैसी है। दुन्याशा को भी मैंने देखते ही पहचान लिया **(दुन्याशा का चुम्बन लेती है)**

गायेव : दो घंटे लेट थी गाड़ी। क्या ख्याल है आपका? इसे ही तुम्हारे यहाँ समय की पाबन्दी कहते हैं?

शार्लोटा : **(पिश्चिक से)** मेरा कुत्ता मेवा भी खा लेता है।

पिश्चिक : **(आश्चर्य से)** वाह कमाल है!

[आन्या और दुन्याशा को छोड़कर सब चले जाते हैं]

दुन्याशा : आखिर अब आई हो तुम **(आन्या का टोप और कोट लेती है)**

आन्या सफ़र में चार रात मैं बिल्कुल नहीं सो पाई। यहाँ तो बड़ी ठंड लग रही है मुझे।

दुन्याशा : जब तुम यहाँ से गई थीं तब 'लेंट' (ईस्टर से पहले चालीस दिन का रोजे का समय) का ही तो समय था न?–तब कोहरा और बरफ़ गिर रही थी–और अब देखो,....आन्या बहन **(हँसकर उसका चुम्बन ले लेती है)** मुझे तो तुम्हारी बड़ी याद आई। बहन, अब तो मुझसे एक मिनट भी नहीं रुका जा रहा.....तुम्हें एक ज़रूरी बात बतानी है!

आन्या : **(उदासीन स्वर में)** इस बार क्या है?

दुन्याशा : क्लर्क एपिखोदोव हैं न, ईस्टर के बाद ही उन्होंने मुझसे शादी के लिए पूछा था।

आन्या : वही पुराना रोना। **(अपने बाल सँवारते हुए)** मेरे सारे बालों के काँटे खो गए....**(थकावट से जैसे लड़खड़ा रही है)**

दुन्याशा : सचमुच, समझ में नहीं आता क्या करूँ? कितना प्यार करते हैं वे मुझे।

आन्या : **(अपने दरवाज़े की ओर देखते हुए प्यार से)** मेरा कमरा, मेरी खिड़कियाँ...बिल्कुल ऐसा लगता है जैसे मैं कभी बाहर गई ही नहीं! अब मैं अपने घर में हूँ। कल सुबह उठते ही बगीचे में दौड़कर देखूँगी...हाय, मुझे एक गहरी नींद आ जाती बस। इतनी बेचैन और परेशान रही कि सारे रास्ते बिल्कुल सो नहीं पाई।

दुन्याशा : परसों प्योत्र सर्जीएविच भी आ गए।

आन्या : **(उल्लास से)** पेत्याऽऽ!

दुन्याशा : गुसलखाने में सो रहे हैं। वहीं ठहरे हैं वे। कहते थे : "मैं उन लोगों को मुसीबत पैदा नहीं करना चाहता" **(घड़ी पर निगाह डालकर)** मैं तो अब तक इन्हें जाकर जगा देती, लेकिन वार्या मिखायेलेव्ना ने मना कर दिया। उन्होंने कहा, मत जगाओ।

[कमर में चाबियों का गुच्छा लटकाये वार्या का प्रवेश]

वार्या : दुन्याशा, कॉफी! बहुत जल्दी। अम्मा ने कॉफ़ी माँगी है!

दुन्याशा : फ़ौरन लीजिए !

[चली जाती है]

वार्या : शुक्र है, तुम आ तो गईं। फिर अपने घर आ गईं **(उसकी पीठ थपथपाकर)** मेरी नन्ही मुन्नी लौट आई! मेरी प्यारी-प्यारी बिटिया लौट आई।

आन्या : हाय, कैसे-कैसे मैं आ पाई हूँ।

वार्या : अरे, मैं क्या जानती नहीं हूँ।

आन्या : पर्व के हफ्ते में हम चले— उस वक्त ऐसी ठंड थी कि बस। रास्ते भर शार्लोटा ग़प्पें सुनाती और अपने खेल दिखाती आई है। आपने इस शार्लोटा को मेरे गले क्यों मढ़ दिया था?

वार्या : हाय, सत्रह साल की उम्र में तुम एकदम अकेली सफ़र कैसे करती मुन्नी?

आन्या : जब हम लोग पेरिस आए तो यहाँ भी बहुत ठंड थी, बर्फ गिर रही थी। मैं तो बड़ी टूटी-फूटी फ्रैंच बोलती हूँ। अम्मा पाँचवीं मंजिल पर रहती थीं। वहाँ पहुँची तो देखा उनके साथ ढेर-के-ढेर फ्रांसीसी आदमी-औरत, किताब लिए एक बुड्ढा पुजारी। कमरे में तम्बाकू

की बदबू और घुटन भरी थी। मुझे बड़ा तरस आया। हाय, एकदम अम्मा के लिए बड़ी दया आई मन में! मैं उनसे चिपक गई। अपनी बाँहें उनके गले में डाल दीं और घंटों लिपटी ही रही। अम्मा मुझे पुचकारती रहीं....रोती रहीं......।

वार्या : **(रुंधे गले से)** यह सब मत कहो, मुझसे नहीं सुना जाता।

आन्या : अपना मेन्तोन वाला मकान तो उन्होंने बेच ही दिया था, अब तो उनके पास कुछ भी नहीं बचा। मेरे पास खुद एक कौड़ी नहीं थी। बस, यहाँ तक आने भर का किसी तरह इन्तजाम किया। लेकिन अम्मा क्यों सोचें यह सब? स्टेशनों पर जब हम लोग खाना खाते तो वह सबसे कीमती चीज़ें मँगातीं और बैरे को एक-एक रूबल बख्शीश में देतीं। शार्लोटा का भी वही रवैया। और कम्बख़्त याशा को भी वही मिलता जो हम लोग लेते। समझो मुसीबत कर दी! आपको पता है, याशा अब अम्मा का अर्दली हो गया है। हम लोग उसे अपने साथ ले आए हैं।

वार्या : हाँ-हाँ, मैंने उस बदमाश को देखा है।

आन्या : अच्छा हाँ, अब आप मुझे यहाँ की सब बातें बताइए। आपने गिरवी वाला सूद चुका दिया न?

वार्या : नहीं, हम पैसा कहाँ से लाते?

आन्या : हे भगवान!

वार्या : अगस्त में ज़मीन बिक जाएगी।

आन्या : हाय राम!

[लोपाख़िन दरवाज़े से झाँकता है, गाय की तरह रँभाता है, माँ ऽ ऽ ऽ और भाग जाता है]

वार्या : **(रोते हुए उसे लक्ष्य करके घूँसा दिखाती है)** तुम्हीं देखो, जी करता है एक दूँ इस कम्बख़्त को।

आन्या : **(वार्या को बाँहों में बाँधकर कोमल स्वर में)** वार्या दीदी, क्या इन्होंने आप से शादी के लिए पूछा था? **(वार्या सिर हिलाती है)** तो वह आपको प्यार करते हैं न? आप लोग कुछ तय क्यों नहीं कर डालते? आखिर आपको किस बात का इन्तजार है?

वार्या : मुझे तो लगता है कि हम लोगों में कुछ नहीं होगा। उन्हें हज़ारों काम हैं....मेरे लिए भी फुरसत कहाँ रखी है...मेरा तो उन्हें ख़्याल भी नहीं आता होगा। मैंने तो बाबा, उनसे हाथ जोड़े—देखने को भी मन नहीं करता मेरा। जिसे देखो हमारी शादी की बातें करता है, हमें बधाइयाँ देता है और मज़ा यह कि सूत न कपास; सब कुछ एकदम हवाई। **(बदले हुए स्वर में)** तुम्हारी साड़ी की पिन तो

एकदम शहद की मक्खी जैसी है।

आन्या : **(दुःखी स्वर में)** अम्मा ने खरीदी थी **(अपने कमरे में जाते हुए बच्चों की तरह उल्लासपूर्वक)** अच्छा है, आप को पता है, पेरिस में मैं गुब्बारे में उड़ी थी?

वार्या : मेरी मुन्नी घर लौट आई, मेरी बिटिया घर लौट आई!

[दुन्याशा कॉफ़ी का बर्तन लौटती है और कॉफ़ी बनाती है]

वार्या : **(दरवाजे पर खड़े होकर)** सारे दिन घर की देखभाल करते-करते दुनिया भर की बातें मन में आती रहती हैं मुन्नी, जैसे तेरी शादी किसी धनी-मानी से हो जाती तो मुझे कितना आनन्द होता। मैं खुद तब तीर्थयात्रा पर कीव या मॉस्को के लिए निकल पड़ती। इसी तरह एक तीर्थ स्थान से दूसरे में घूम-घूम कर ही अपना शेष जीवन बिता देती....चलती चली जाती, चलती चली जाती! कैसा आनन्द रहता!

आन्या : बगीचे में तो चिड़ियाँ चहकने लगीं। क्या बजा होगा?

वार्या : दो तो जरूर ही बज चुके होंगे। इस वक्त तक तो तुम सोती रहती थीं **(आन्या के कमरे में जाते हुए)** सचमुच कितना आनन्द है।

[याशा एक कम्बल और सफ़री थैला लिए हुए आता है]

याशा : **(बनावटी नम्रता का भाव दिखाता हुआ मंच को पार करता है)** अरे भाई, क्या मैं यहाँ से जा सकता हूँ?

दुन्याशा : अब तो तू पहचाना भी नहीं जाता याशा, बाहर रहकर कितना बदल गया है तू।

याशा : हुँह, तुम कौन हो?

दुन्याशा : जब तू गया था तो मैं इतनी बड़ी थी **(धरती से ऊँचाई बताती है)** दुन्याशा हूँ—फ्योदोर की लड़की। तुझे मेरी याद कैसे होगी?

याशा : हुँह....बड़ी मक्कार हो।

[इधर-उधर देखकर उसका आलिंगन करता है। वह चीख पड़ती है और एक तश्तरी गिरा देती है। याशा फुर्ती से चला जाता है]

वार्या : **(दरवाज़े से झुँझलाहट के स्वर में)** यह सब क्या हो रहा है?

दुन्याशा : **(रोते हुए)** मुझसे एक प्लेट टूट गई।

वार्या : बहुत अच्छा हुआ!

आन्या : **(कमरे से बाहर आते हुए)** चलो, अम्मा को भी बता दें कि पेत्या यहीं हैं।

वार्या : मैंने मना कर दिया है कि उन्हें कोई जगाए नहीं।

आन्या : **(स्वप्नाविष्ठ-सी)** पिताजी को मरे हुए ठीक छः साल हो गए...उनके छः महीने बाद ही छोटा भाई ग्रीशा नदी में डूबकर मर गया—सात

साल का ही तो था और ऐसा खूबसूरत था कि क्या बताऊँ....। अम्मा से वह दुःख सहा नहीं गया...वे बिना पीछे मुड़कर देखे भागती रहीं, भागती रहीं **(काँपकर)** काश, यह बात उन्हें पता होती! मैं उनके मन को बहुत अच्छी तरह जानती हूँ **(कुछ देर रुककर)** तब ये पेत्या त्रोफ़िमोव, ग्रीशा के ट्यूटर थे--इन्हें देखकर अम्मा को फिर ग्रीशा की याद आ जाएगी...।

[फ़ीर्स का प्रवेश, वह जाकेट और सफ़ेद लम्बा कोट पहने है]

फ़ीर्स : **(उत्सुकतापूर्वक कॉफ़ी के बर्तन तक जाता है)** मालकिन कॉफ़ी यहीं पिएँगी **(सफ़ेद दस्ताने चढ़ाता है)** कॉफ़ी तैयार है क्या? **(दुन्याशा से तेज़ स्वर में)** क्रीम यहाँ है री छोकरी?

दुन्याशा : हाय राम...! **(तेज़ी से जाती है)**

फ़ीर्स : **(कॉफ़ी के बर्तन के आस-पास जल्दी-जल्दी उलट-पलट करते हुए)** अरी ओ निकम्मी! **(खुद ही बड़बड़ाते हुए)** आ गई वापिस पेरिस से...मालिक भी पेरिस जाया करते थे...पूरे रास्ते घोड़ों की बग्घी पर...(हँसता है)।

वार्या : क्या बात है फ़ीर्स?

फ़ीर्स : एँऽऽ? **(आह्लाद-भरे स्वर में)** मेरी तो मालकिन घर आई हैं। उन्हें ही देखने को तो ज़िन्दा बचा हूँ....अब अगर मर भी जाऊँ तो कोई अफसोस नहीं...**(आनन्द से रो पड़ता है)**

[रैनिव्स्काया, गायेव और सिम्योनोव पिश्चिक का प्रवेश। पिश्चिक छाती पर तंग बढ़िया कपड़े का कोट और पतलून पहने है। आते ही गायेब हाथ और शरीर से ऐसा इशारा करता है जैसे बिलियर्ड खेल रहा हो]

रैनिव्स्काया : देखें तो सही कैसे जाती है पीली गेंद कोने में...? इसके बाद एक शाट में ही पॉकेट में...।

गायेव : इसमें क्या है? सीधे हाथ की तरफ लाल को मारे। अच्छा तुम्हें याद है ल्यूबा, इसी कमरे में हम लोग साथ-साथ अलग-अलग चारपाइयों पर सोया करते थे। अब मैं पचपन का हो गया हूँ। वे सारी बातें आज कितनी अजीब लगती हैं....।

लोपाख़िन : हाँ, समय को तो पंख लगे होते हैं।

गायेव : क्या कहा तुमने?

लोपाख़िन : मैंने कहा, समय उड़ता है?

गायेव : केवड़े की कैसी बढ़िया खुशबू है!

आन्या : मैं तो अब सोने जाती हूँ। अच्छा, नमस्कार अम्मा **(उसका हाथ चूमती है)**

रैनिव्स्काया : मेरी बिटिया! (**उसका हाथ चूमकर**) तुम्हें घर आकर खुशी हुई न...? मुझे तो अभी भी बड़ा अजीब-अजीब-सा लग रहा है।

आन्या : अच्छा मामा, नमस्कार!

गायेव : (**उसका मुँह और हाथ चूमते हुए**) भगवान् भला करे! तुम अपनी माँ से कितनी मिलती हो! (**अपनी बहन से**) ल्यूबा इसकी उम्र में तुम बिल्कुल इसी जैसी थीं।

[लोपाख़िन और पिश्चिक से हाथ मिलाकर जाते हुए आन्या दरवाज़ा बन्द कर जाती है]

रैनिव्स्काया : बेचारी थक कर चूर हो गई है।

पिश्चिक : हाँ, सचमुच! सफ़र भी तो बहुत लम्बा है।

वार्या : (**लोपाख़िन और पिश्चिक से**) अच्छा भाइयो, तीन बज रहे हैं, अब आप लोग जाइए....।

रैनिव्स्काया : (**हँसकर**) तुम तो बिल्कुल भी नहीं बदलीं! (**अपने पास खींचकर उसे चूम लेती है**) मैं अपनी कॉफ़ी तो पी लूँ—फिर हम सभी जाकर आराम करेंगे। (**फ़ीर्स उसके पैरों के नीचे छोटी चौकी रख देता है**) शुक्रिया भाई, मुझे कॉफ़ी इतनी अच्छी लगती है कि दिन-रात पीती रहती हूँ। शुक्रिया भैया (**फ़ीर्स का चुम्बन लेती है**)

वार्या : मैं ज़रा देख लूँ कि सब सामान ठीक से तो भीतर रख दिया गया है न!

[चली जाती है]

रैनिव्स्काया : मैं क्या सचमुच ही यहाँ बैठी हूँ (**हँसती है**) मेरा मन करता है कि ताली बजा-बजाकर खूब नाचूँ (**अपने हाथों से चेहरा ढँक लेती है**) और अगर यह सब सपना ही हो तो भगवान् ही जानता है, मुझे अपना देश कितना प्यारा है—कैसा पसन्द है! रास्ते भर इतनी रोती रही हूँ कि मुझसे खिड़की से बाहर तक झाँककर नहीं देखा गया (**आँसू भरी आँखों से**) ख़ैर, यह कॉफ़ी पिए लेती हूँ। शुक्रिया फ़ीर्स, शुक्रिया भाई! तुम अभी तक हो, देखकर बड़ी खुशी हुई!

फ़ीर्स : परसों की बात है...।

गायेव : यह बहुत ऊँचा सुनने लगा है।

लोपाख़िन : चार बजते ही यहाँ से मुझे सीधे हार्कोव जाना है। अच्छी मुसीबत है। ज़रा आपके पास बैठना चाहता था, बातें करना चाहता था...आप हमेशा जैसी ही सुन्दर हैं....।

पिश्चिक : (**गहरी साँस लेकर**) फ़ारसी ढंग से इन कपड़ों में तो पहले से भी ज्यादा खूबसूरत....मैं तो लुट गया...।

लोपाख़िन : लियोनिद आन्द्रीएविच, आपका भाई हमेशा बकता फिरता है कि

मैं नीची जाति में पैदा गँवार हूँ....मैं धन का साँप हूँ...लेकिन मैं उसकी रत्ती भर परवाह नहीं करता...जो जी में आए सो बके। मैं तो बस यही चाहता हूँ कि आपका विश्वास मेरे ऊपर जैसा रहा है वह बना रहे। आपकी आँखों में मेरे लिए जो प्यार रहा है—वही रहा आए, बस मेरी यही इच्छा है। हे दयासागर, मेरा बाप उसके बाप-दादाओं का गुलाम था...लेकिन आपने मेरे लिए कितना किया है....वह सब तो मुझे अब याद नहीं रहा, लेकिन आपको मैं अपने सगे की तरह प्यार करता हूँ। बल्कि सगे से भी ज़्यादा...।

रैनिव्स्काया : भाई, मुझसे तो अब बैठा नहीं जा रहा (**उछलकर खड़ी हो जाती है और तीव्र आवेश में घूमती है**) यह आनन्द अब मुझसे बर्दाश्त नहीं होता। तुम लोग हँसोगे, मैं जानती हूँ; मैं पागल हूँ....हाय, मेरी किताबों की अल्मारी (**अल्मारी को चूमती है**) मेरी नन्ही मेज...।

गायेव : तुम्हारे पीछे दाई मर गई।

रैनिव्स्काया : (**बैठकर कॉफ़ी पीती है**) हाँ, तुमने उसकी मौत के बारे में लिखा था। भगवान, उसे स्वर्ग दे!

गायेव : आनास्तासी भी मर गई। वह भेंड़ा प्योत्रास मुझे छोड़छाड़ कर चला गया। अब उसने कोतवाल के यहाँ नौकरी कर ली है। (**जेब से मिठाई का डिब्बा निकालता है और फलों की लाइमजूस मुँह में रखकर चूसता है**)

पिश्चिक : मेरी लड़की दाशेन्का ने आपको नमस्कार कहा है।

लोपाख़िन : एक बड़ी मज़ेदार बात बताऊँ? (**घड़ी पर निगाह डाल कर**) वैसे मुझे अभी एकदम चले जाना है...ज्यादा बातें करने का वक्त नहीं है...। खैर, दो शब्दों में बताए देता हूँ। सुन ही लिया होगा कि आपका कर्जा चुकाने के लिए आपका चेरी का बगीचा बिक रहा है। बाईस अगस्त को बिकना तय हुआ है। मगर सुनिए, आप बिल्कुल अपनी नींद खराब मत कीजिए। चिन्ता-फिक्र की क़तई जरूरत नहीं है। मैं एक तरीका बताए दे रहा हूँ। मेरी बात ज़रा ध्यान से सुनिए...आपकी ज़मींदारी कस्बे से पन्द्रह मील की दूरी पर तो है ही, रेल भी बिल्कुल उसके पास से जाती है। अगर, चेरी के बगीचे से नदी के किनारे, मकानों के प्लॉट काट-काटकर बना दिए जाएँ तो वे गर्मियों के लिए बँगलों की तरह किराए पर उठ सकते हैं। उससे कम-से-कम आपको 25 हजार रूबल सालाना की आमदनी हो जाएगी।

गायेव : माफ़ करना, ये सब बेवकूफ़ी की बातें हैं।

रैनिव्स्काया : यार्मोलाय अलैक्सीएविच, तुम्हारी बात समझ में नहीं आई।

लोपाख़िन : हाँ तो, गर्मियाँ बिताने आने वालों से आपको हर तीन एकड़ के एक प्लॉट पर 5 रूबल सालाना मिलेंगे। और अगर आप कहीं इसका विज्ञापन कर दें, तो मैं कहता हूँ कि सारे प्लॉट आपके इस तरह उठ जाएँगे कि जाड़ों के लिए आपके पास एक वर्ग फुट जगह नहीं रह जाएगी। सच पूछो तो आप तो बची बचाई रखी हैं। मैं बधाई देता हूँ आपको। गहरी नदी का किनारा....ऐसी शानदार जगह है। हाँ, पहले उसकी सफ़ाई करानी होगी, सारी पुरानी इमारतें बिल्कुल हटा देनी पड़ेंगी—जैसे इसी पुराने मकान को लीजिए--अब यहाँ यह किस मतलब का रह गया है! चेरी का बगीचा भी काट डालना होगा।

रैनिव्स्काया : काट डालना होगा? अरे भैया, माफ़ करना। यह क्या बकवास कर रहे हो! कुछ पता है? इस पूरे प्रदेश में अगर सचमुच कहीं कोई दिलचस्प चीज़ है तो यह चेरी का बग़ीचा ही तो है।

लोपाख़िन : और बग़ीचे की सबसे बड़ी ख़ासियत सिर्फ़ यही है कि यह बहुत बड़ा है। दो साल में चेरी की एक फ़सल होती है। सो उसका कुछ होता नहीं है। कोई खरीदता तक नहीं है।

गायेव : 'विश्वकोश' तक में चेरी के इस बग़ीचे का ज़िक्र है।

लोपाख़िन : **(घड़ी देखकर)** अगर हम लोग जल्दी ही कुछ तय करके 22 अगस्त से पहले कोई क़दम नहीं उठाते तो यह चेरी का बगीचा, यह सारी ज़मींदारी नीलामी पर चढ़ जाएगी। आप लोग कुछ सोचिए इस पर। मैं क़सम खाकर कह रहा हूँ, इसके सिवा इसे बचाने का कोई और तरीका है ही नहीं...एकदम नहीं है।

फ़ीर्स : चालीस-पचास साल पहले पुराने ज़माने में लोग चेरियों को सुखाते थे। भिगोते थे, सिरका और मुरब्बा तक बनाते थे और वे लोग...।

गायेव : फ़ीर्स तुम चुप रहो।

फ़ीर्स : और लोग गाड़ियों में भर-भरकर बनाई हुई चेरियाँ मॉस्को और हार्कोव को भेजा करते थे। उसी से पैसा आता था! वे बनी हुई चेरियाँ कैसी मुलायम, मीठी, रसीली, खुशबूदार होती थीं। तब के लोगों को बनाने के ढंग मालूम थे।

रैनिव्स्काया : अब वे सब ढंग कहाँ चले गए?

फ़ीर्स : भूल गए! अब किसी को भी याद नहीं।

पिश्चिक : **(रैनिव्स्काया से)** पेरिस कैसा है आजकल? आपने वहाँ मेढक खाए थे।

रैनिव्स्काया : मेढक नहीं, मगर खाया था!

पिश्चिक : वाह, क्या कहना!

लोपाख़िन : पहले तो गाँव में सीधे-सादे लोग और किसान ही रहा करते थे, लेकिन अब गर्मियाँ बिताने वालों की भरमार है। छोटे-छोटे कस्बे तक तो इन गर्मियों के बंगलों से घिरे हुए हैं आजकल। शर्तिया बात है कि बीस साल के अन्दर ही गर्मियाँ बिताने वाले लोग बेतहाशा बढ़ जाएँगे—और सभी जगह बढ़ेंगे। आज तो गर्मियाँ बिताने वाला सिर्फ़ बरामदे में बैठा-बैठा चाय ही पीता रहता है; हो सकता है आगे जाकर वही आदमी काम करने के लिए थोड़ी बहुत ज़मीन भी ले ले...तब आपका यह चेरी का बग़ीचा कैसे आनन्द की, हरी-भरी शानदार जगह बन जाएगी....।

गायेव : **(गुस्से से)** बकवास!

[याशा और वार्या का प्रवेश]

वार्या : अम्मा, ये आपके दो तार आए हैं **(चाबी निकालकर पुरानी-सी किताबों की अलमारी खोलती है। अलमारी चरमराती है)** ये रहे।

रैनिव्स्काया : पेरिस के हैं **(तार फाड़ती है बिना पढ़े ही)** मेरा तो पेरिस से मन भर गया।

गायेव : तुम्हें पता है ल्युवा, यह किताबों की अलमारी कितनी पुरानी है? पिछले हफ़्ते मैंने इसकी सबसे नीचे की दराज खींची थी। वहाँ इसके बनने की तारीख़ पड़ी है। यह अलमारी ठीक सौ साल पहले बनी थी। क्या ख्याल है, इसका शताब्दी-समारोह मना डाला जाए? कहने को यह बेजान चीज़ है फिर भी अलमारी तो किताबों की है...।

पिश्चिक : **(आश्चर्य से)** एक सौ साल! वाह, ब़हुत खूब!

गावेव : जी हाँ। एक ही चीज है यह...**(अलमारी पर हाथ फेरता है)** प्यारी अलमारी, तुमने सौ साल से भी ज्यादा सत्य और कल्याणकारी आदर्शों की सेवा की है, तुम्हारी जय हो! तुम्हारे उपयोगी परिश्रम और सेवा की मौन पुकार इन सौ सालों में कभी धीमी नहीं पड़ी **(आँखों में आँसू भरकर)** पीढ़ी-दर-पीढ़ी तुम हमारे दिलों में उज्ज्वल भविष्य के प्रति आस्था, साहस भरती चली आई हो; सुन्दर-सुन्दर आदर्शों और सामाजिक जागृति की भावना को तुमने हममें हरा-भरा रखा है।

[कुछ देर चुप्पी]

लोपाखिन : हुम्...!

रैनिव्स्काया : लियोनिद, तुम तो बिल्कुल भी नहीं बदले।

गायेव : **(कुछ परेशानी से)** वह डाली दाहिनी लाल गेंद पॉकेट में...।

लोपाख़िन : **(घड़ी देखकर)** अच्छा अब मैं चलूँ।

याशा : **(रैनिव्स्काया को दवाओं का बक्स देते हुए)** इस समय गोलियाँ लेंगी न?

पिश्चिक : आपको इतनी दवाएँ नहीं खानी चाहिएँ। इनसे लाभ की जगह नुकसान ही होता है **(वार्या से)** अच्छा सुनो ज़रा, इधर तो देना **(गोलियों का डिब्बा लेकर हथेली पर सारी गोलियाँ पलट लेता है, फूँक मारता है और मुँह में डालकर जौ की शराब के घूँट के साथ गटक जाता है)** अब कहिए...

गायेव : **(घबराकर)** तुम्हारा दिमाग तो ख़राब नहीं है?

पिश्चिक : मैं तो सारी की सारी गोलियाँ खा गया।

लोपाखिन : बड़े खाऊ हो।

[सब हँसते हैं]

फ़ीर्स : ईस्टर वाले हफ्ते में हमारे सरकार डेढ़ गैलन सिरका गटक गये थे ...**(धीरे-धीरे हँसता है)**

रैनिव्स्काया : क्या कह रहा है यह?

वार्या : पिछले तीन साल से यह यों ही खुद ही हँसता-बोलता रहता है। हमें आदत पड़ गई है।

याशा : अब इसके भी दिन आ गए...।

[पतली-दुबली शार्लोटा आइवोनोव्ना सफ़ेद कपड़ों में कमर पर लॉगनेट (लम्बे हैंडिल में लगा चश्मा) अटकाए स्टेज पर एक ओर से दूसरी ओर गुज़रती है]

लोपाख़िन : आइवोनोव्ना, माफ़ करना, तुम्हारा हाल-चाल पूछने की तो फुर्सत ही नहीं मिल पाई।

[उसके हाथ का चुम्बन लेना चाहता है]

चार्लोटा : **(हाथ पीछे खींचकर)** अगर कोई औरत एक बार तुम्हें अपना हाथ चूम लेने दे तो कल तुम उसकी कुहनी, फिर उसके कन्धे तक धावा मारो......

लोपाख़िन : आज तो साहब क़िस्मत ही खराब है **(सब हँसते हैं)** अच्छा शार्लोटा आइवोनोव्ना, हमें कोई हाथ की सफ़ाई दिखाओ न!

रैनिव्स्काया : हाँ, शार्लोटा दिखाओ कुछ खेल!

चार्लोटा : इस वक्त नहीं। मुझे नींद आ रही है। **(चली जाती है)**

लोपाख़िन : तीन हफ़्ते बाद फिर मिलेंगे। **(रैनिव्स्काया का हाथ चूमता है)** तब तक के लिए विदा दें.....अब मैं चलता हूँ। **(अपना हाथ पहले वार्या, फिर फ़ीर्स और याशा की ओर बढ़ाता है)** जाना इस समय बहुत ही बुरा लग रहा है **(रैनिव्स्काया) से)** अगर बंगले बनाने की

मेरी योजना पर फिर विचार करके कुछ निश्चय कर लें तो मुझे ख़बर दे दें। पचास हज़ार रूबल उधार मैं दे दूँगा आपको।

वार्या : **(नाराज़ी से)** भगवान के लिए अब यहाँ से टलो तो सही।

लोपाख़िन : जा रहा हूँ...जा रहा हूँ। **(चला जाता है)**

गायेव : कमीना! आप लोग मुझे उसके प्रति ऐसे शब्द कहने के लिए क्षमा करें। हमारी वार्या तो उससे शादी करने जा रही है। यह वार्या का मंगेतर है।

वार्या : मामा, क्या बेकार की बातें कर रहे हैं आप।

रैनिव्स्काया : बहरहाल वार्या, मुझे तो बड़ी खुशी होगी। आदमी बहुत सज्जन है।

पिश्चिक : इतना तो मानना पड़ेगा कि आदमी लायक है। मेरी दान्शेका भी कहती है कि...अरे दुनिया-भर की बातें कहती है वह तो **(ख़र्राटे लेने लगता है। फिर एकदम जागकर)** अच्छा खैर, आप मुझे कृपा करके 240 रूबल उधार दे सकेंगी? मुझे कल अपनी रेहन का सूद जमा करना है।

वार्या : **(घबराकर)** नहीं! नहीं! हम बिल्कुल नहीं दे सकते।

रैनिव्स्काया : सच मानो, मेरे पास पैसा है ही नहीं।

पिश्चिक : अच्छा फिर ले लूँगा। **(हँसता है)** मैं कभी उम्मीद नहीं छोड़ा करता। पिछली बार जब मैं सोचे बैठा था कि अब तो कोई रास्ता ही नहीं बचा, अब तो जो होना होगा, हो चुका होगा—तभी भगवान की माया देखिए—मेरी ज़मीन पर होकर रेल की पटरी निकली और रेल वालों ने पैसा दे दिया। सो इस बार भी कुछ न कुछ होकर ही रहेगा, आज नहीं, कल सही। हो सकता है दांशेका के नाम दो लाख ही आ जाएँ !...उसने लॉटरी का टिकट खरीदा है न।

रैनिव्स्काया : अच्छा, अब हम लोग कॉफ़ी पी चुके। चलें, चलकर सो जाएँ।

फ़ीर्स : **(झिड़कते हुए गायेव के कपड़े झाड़ता है)** आपने फिर ग़लत वाला पतलून पहन लिया न? अब बताइए आपके लिए मैं क्या-क्या करूँ?

वार्या : **(धीरे से)** आन्या सो रही है। **(बिना आवाज़ किए, धीरे से खिड़की खोल देती है)** धूप निकल आई है। अब तो ठंड एकदम नहीं है...अम्मा देखो, पेड़ कैसे सुन्दर दिखाई दे रहे हैं। आहा, कैसी अच्छी हवा चल रही है, छोटी-छोटी चिड़ियाँ चहचहा रही हैं।

गायेव : **(दूसरी खिड़की खोलती है)** बगीचा तो एक सिरे से सफ़ेद ही सफ़ेद हो गया है। ल्युबा, तुम भूली तो नहीं हो? घने पेड़ों के बीच तीर की तरह सीधा-सीधा चला जाता रास्ता चाँदनी में कैसा जादूभरा-सा

लगता था, याद है न? क्यों याद है न?

रैनिव्स्काया : **(खिड़की से बाहर बग़ीचे को देखती है)** हाय, वह मेरा बचपन... वह बचपन का भोलापन। इसी बच्चों वाले कमरे में ही तो सोया करती थी—यहीं से बग़ीचे में झाँकती रहती थी......नई-नई खुशियाँ रोज़ मेरे साथ जागा करती थीं। उन दिनों भी बग़ीचा बिल्कुल ऐसा ही था। ज़रा भी नहीं बदला है **(उल्लास में हँस पड़ती है)** जिधर देखो उधर सफ़ेद ही सफ़ेद......मेरे प्यारे बग़ीचे...जाड़े की बर्फ़ीली ठंड और पावस की वर्षा-आँधियों से घिरे काले-काले दिनों के बाद तुम पर फिर से बहार आ गई है...तुम फिर आनन्द से खिलखिला उठे हो। स्वर्ग के देवताओं ने तुम्हें त्यागा नहीं है...काश यह मेरी छाती पर रखा बोझ कहीं चला जाता! काश मैं अतीत को भूल पाती।

गायेव : हुम्! और यही बगीचा कर्जा चुकाने के लिए बेच देना पड़ेगा। अजीब बात है न?

रैनिव्स्काया : देखो, वे अम्मा चली आ रही हैं......वो उस छायादार पेड़ों वाली सड़क पर, ऊपर से नीचे तक सफ़ेद कपड़ों में **(उल्लास से)** हू-ब-हू वही हैं।

गायेव : किधर?

वार्या : अम्मा, सुनो तो!

रैनिव्स्काया : कहीं कोई भी तो नहीं है। मेरी कल्पना थी बस।...उधर दाहिने हाथ की तरफ, उस कुंज की ओर जाने वाली सड़क पर वो जो पेड़ है न, ऐसा झुका है जैसे सचमुच कोई औरत खड़ी हो।

[त्रोफ़िमोव का प्रवेश। आँखों पर चश्मा और अत्यन्त साधारण-सी विद्यार्थियों की पोशाक पहने है]

रैनिव्स्काया : बगीचा आज कैसा अजीब-अजीब लग रहा है! बौरों के सफ़ेद-सफ़ेद बादल...नीला खुला आसमान।

त्रोफ़िमोव : ल्युवोव आन्द्रेव्ना **(रैनिव्स्काया मुड़कर उसकी ओर देखती है)** मैं सिर्फ़ आपकी कुशल-मंगल जानने आया हूँ। अभी चला जाऊँगा। **(आवेग से हाथ का चुम्बन लेता है)** बताया तो मुझे यह गया था कि आप सुबह ही मिलेंगी; लेकिन मेरे पास इतना समय नहीं था...

[रैनिव्स्काया उसे किंकर्त्तव्यविमूढ़-सी देखती है]

वार्या : **(भरे गले से)** ये प्योत्र त्रोफ़िमोव हैं!

त्रोफ़िमोव : जी हाँ, प्योत्र त्रोफ़िमोव...मैं आपके ग्रीशा का ट्यूटर था न। क्या सचमुच मैं इतना बदल गया हूँ कि...?

[रैनिव्स्काया उसे बाहों में भरकर सिसक उठती है]

गायेव : **(परेशानी से)** बस करो...बस करो ल्युवा।

वार्या : **(रोते हुए)** पेत्या, मैंने तो तुमसे सुबह तक राह देखने को कहा था न।

रैनिव्स्काया : मेरा ग्रीशा...मेरा बेटा...मेरा मुन्ना ग्रीशा।

वार्या : अम्मा, इसमें हमारा क्या वश है, भगवान की मर्ज़ी है।

त्रोफ़िमोव : **(रोते हुए रुंधे गले से)** बस कीजिए...बस कीजिए।

रैनिव्स्काया : **(सिसकते हुए)** मेरा बेटा खो गया......डूब गया। क्यों डूबा?...हाय पेत्या, मुझे बताओ क्यों डूबा वह? **(ज़रा थमकर)** हाय, मैं इतनी ज़ोर-ज़ोर से बोल रही हूँ और आन्या वहाँ सो रही है। इतना शोर कर रही हूँ; लेकिन पेत्या तुम्हारे चेहरे की सारी चमक कहाँ चली गई? तुम ऐसे बूढ़े से क्यों लगने लगे हो?

त्रोफ़िमोव : खेत में एक किसान औरत भी यही कहती थी कि मैं खजैला-सा दिखाई देता हूँ।

रैनिव्स्काया : तब तो तुम बिल्कुल लड़के ही थे—बड़े सुन्दर विद्यार्थी लगते थे। अब तो तुम्हारे बाल भी पक गए हैं...चश्मा लगाने लगे हो। तुम क्या अभी भी सचमुच विद्यार्थी हो? **(दरवाज़े की तरफ़ जाती है)**

त्रोफ़िमोव : मुझे तो लगता है जैसे मैं चिरन्तन विद्यार्थी हूँ!

रैनिव्स्काया : **(पहले अपने भाई को फिर वार्या को चूमती है)** अच्छा अब सोने चलें। लियोनिद, तुम भी तो अब पहले से बुड्ढे हो गए हो।

पिश्चिक : **(रैनिव्स्काया के पीछे-पीछे जाता है)** मेरा भी यही ख़्याल है कि हमें अब चलकर सो जाना चाहिए.....उफ़!......यह मेरी गठिया...आज की रात तो मैं यहीं ठहर रहा हूँ......मेरी अच्छी ल्युबोव आन्द्रेव्ना, अगर आप कर सकें...कल सुबह तक 240 रूबल का इन्तज़ाम कर दें।

गायेव : इसको बस हमेशा एक ही धुन!

पिश्चिक : 240 रूबल मुझे अपनी रेहन का सूद देना है।

रैनिव्स्काया : भले आदमी, मेरे पास पैसा नहीं है।

पिश्चिक : मैं लौटा दूँगा...है ही कितना?

रैनिव्स्काया : अच्छा ठीक है। लियोनिद तुम्हें दे देंगे। लियोनिद, तुम इन्हें पैसा दे देना।

गायेव : मैं दूँगा इसे पैसा? तब तो इसे ज़रा लम्बी ही राह देखनी होगी!

रैनिव्स्काया : कोई और चारा भी तो नहीं है। उसे ज़रूरत है, वापिस लौटा देगा।

[रैनिव्स्काया, त्रोफ़िमोव, पिश्चिक और फ़ीर्स जाते हैं। गायेव, वार्या और याशा मंच पर ही रहते हैं]

गायेव : ल्युबा ने पैसा बहाने की आदत अभी तक छोड़ी नहीं है। **(याशा से)** भले आदमी, यहाँ से भाग जा, तेरे शरीर से मुर्गी के दरबे की बदबू आ रही है।

याशा : **(खीसें निपोरकर)** लियोनिद आन्द्रीएविच, आप भी वैसे के वैसे ही हैं।

गायेव : क्या मतलब? **(वार्या से)** इसने अभी क्या कहा?

वार्या : **(याशा से)** गाँव से तेरी माँ आई हुई है। वहाँ नौकरों की कोठरी में कल से बैठी तेरी राह देख रही है। तुझसे मिलना चाहती है।

याशा : बैठी रहने दो उन्हें! मैं खुद फ़िक्र कर लूँगा।

वार्या : बेशर्म।

याशा : जल्दी क्या है उसे? कल तक राह नहीं देख सकती थी?

[चला जाता है]

वार्या : अम्मा, एकदम हमेशा जैसी ही हैं। बिल्कुल भी नहीं बदलीं। अगर ये अभी भी अपने ही मन से चलती रहीं तो सब कुछ गँवा देंगी।

गायेव : ठीक बात है! **(कुछ देर रुक कर)** अगर एक ही बीमारी के सौ इलाज बताए जाएँ तो समझ लो रोग असाध्य है। मैं हमेशा दिमाग घोटता और माथा-पच्ची करता रहता हूँ। मेरे दिमाग़ में भी हज़ारों इजाज भरे पड़े हैं...ढेरों हैं...लेकिन उनसे सचमुच कुछ भी होना-जाना नहीं है। जैसे मान लो, कहीं कोई हमारे नाम कुछ कर जाता या अपनी आन्या की शादी हम किसी लखपति से कर डालते—या हम लोग यारोस्लाव्ल जाकर अपनी बुड्ढी रानी मौसी के ही यहाँ क़िस्मत आज़मा लेते। तुम्हें पता है, उसके पास अनाप-शनाप धन है।

वार्या : **(रो पड़ती है)** काश, भगवान् हमारी भी कभी सुनते!

गायेव : यों आँसू बहाने से क्या होता है? मौसी धनी जरूर है, लेकिन हम लोगों को घास नहीं डालती ! उन्हें पहली शिकायत तो यह है कि बहन ने किसी कुलीन आदमी की बजाय एक वकील से शादी की।

[आन्या दरवाज़े पर दीखती है]

गायेव : तो उसने ऐसे आदमी से शादी की जो कुलीन नहीं था। फिर उसका खुद का आचरण। हर आदमी तो उसे आदर्श नहीं कह सकता। माना वह बड़ी अच्छी है, दयालु है, सहृदय है और मैं उसे बहुत चाहता हूँ—लेकिन चाहे जितना नज़रन्दाज़ करो, इस बात से कैसे इनकार किया जा सकता है कि वह चरित्रहीन औरत है। यह बात उसका चेहरा देखकर कोई भी कह देगा।

वार्या : **(फुसफुसाकर)** आन्या दरवाज़े पर ही खड़ी है।

गायेव : क्या कहा? **(कुछ रुक कर)** अजीब बात है। लगता है मेरी दाहिनी आँख में कुछ गिर गया है। अब मुझे पहले की तरह साफ़ नहीं दिखाई देता। इसी वृहस्पति को जब मैं जिला अदालत में था...

[आन्या का प्रवेश]

वार्या : आन्या, तुम सोई नहीं अब तक?

आन्या : नींद नहीं आ रही। कोशिश करना बेकार है।

गायेव : मेरी मुन्नी ! **(आन्या के हाथ और मुँह का चुम्बन लेता है)** मेरी बच्ची! **(रोने लगता है)** तू मेरी भानजी नहीं, मेरी देवी है......मेरी सभी कुछ है। सच मानो......मेरा विश्वास करो......।

आन्या : मामा मैं खूब विश्वास करती हूँ। हम सब आपको प्यार और श्रद्धा करते हैं। पर मामा, आप कुछ कम बोला करें। अच्छा हो, चुप ही रहा करें। अब देखिए, अभी-अभी आप अपनी सगी बहन, मेरी अम्मा को लेकर क्या-क्या कह रहे थे? ऐसा क्यों कहते हैं आप?

गायेव : हाँ...हाँ...**(उसके हाथों से चेहरा ढँक लेता है)** वाक़ई ग़लती हो गई। हे भगवान्, मुझ पर दया करो! देखो न, और कुछ नहीं तो आज मैं किताबों की अलमारी को ही भाषण देने लगा...। अजीब बेवकूफ हूँ मैं! जब पूरा भाषण दे चुका तो लगा कि यह तो सरासर बेवकूफी है!

वार्या : मामा, यह सब तो ठीक है, मगर आपको अब चुप ही रहना चाहिए। बोलो ही मत, बस।

आन्या : अगर आप बक-बक करना बन्द कर दें, तो इससे खुद आपको भी बहुत आराम हो जाएगा।

गायेव : अब नहीं बोलूँगा। **(आन्या और वार्या के हाथों को चूमता है)** मैं चुप रहूँगा। लेकिन सिर्फ़ एक बात बताना ज़रूरी है। वृहस्पति को मैं ज़िला-अदालत गया था। ख़ैर, वहाँ हम काफ़ी लोग थे। इधर-उधर की, इसकी-उसकी बातें होने लगीं। और सुनो, वहीं मुझे पता लगा कि हुंडी के ज़रिए कर्ज़ा लेकर बैंक को गिरवी वाला सूद दिया जा सकता है।

वार्या : काश, भगवान हमारी भी सुन लेता!

गायेव : मैं बुध को जा रहा हूँ। इस बारे में और बातें करूँगा **(वार्या से)** अब इस बात को सब जगह कहती मत फिरना। **(आन्या से)** तुम्हारी अम्मा लोपाख़िन से बातें करेंगी। निश्चय ही वह ल्युबा को मना नहीं कर पाएगा। इधर, जैसे ही तुम लोगों की थकान दूर हो जाए, तुम लोग यारोस्लाव्ल में अपनी दादी–मौसी रानी के यहाँ चली जाना। इस तरह हम लोग तीन तरफ़ एक साथ कोशिश शुरू

कर देंगे—फिर समझो, काम बना बनाया रखा है। मुझे पक्का भरोसा है—सारी बकाया चुक जाएगी...(**एक लाइमजूस मुँह में रख लेता है**) मैं अपनी क़सम खाकर कहता हूँ...तुम कहो उसी की क़सम खा जाऊँ—जमींदारी नहीं बिकेगी, नहीं बिकेगी...(**आवेग से**) मैं अपने सिर की क़सम खा रहा हूँ कि अगर मेरे रहते यह नीलामी पर चढ़ जाए तो, यह मेरा हाथ रहा, तुम मुझे कमीना, नीच, जो मन हो...सो कह देना...मैं अपने प्राणों की सौगन्ध खाता हूँ।

आन्या : (**पुनः शान्त होकर प्रसन्नता से**) मामा, तुम कैसे अच्छे और समझदार हो (**उसे बाँहों में भरकर**) अब मुझे कोई चिन्ता नहीं है। मैं एकदम शान्त और सुखी हूँ।

[फ़ीर्स का प्रवेश]

फ़ीर्स : (**झिड़कते हुए**) लियोनिद आन्द्रीएविच, आपको क्या भगवान का बिल्कुल भी डर नहीं है? कब सोने जाएँगे?

गायेव : अभी जाता हूँ...सीधा जाता हूँ। फ़ीर्स, तुम चले जाओ। मैं खुद चला जाऊँगा। हाँ-हाँ, मैं खुद अपने कपड़े उतार लूँगा। अच्छा बेटी, अब मैं चलता हूँ। सुबह इसके बारे में और बातें करेंगे। अब चलकर सोएँ (**वार्या और आन्या का चुम्बन लेता है**) अब तो मैं अस्सी के आस-पास हो गया हूँ। आज लोग अस्सी सुनकर ही नाक-भौं सिकोड़ते हैं, लेकिन अपनी जवानी में भी मुझे अपने विश्वासों की वजह से कम चौकस नहीं रहना पड़ा है। किसान मुझे यों थोड़े ही प्यार करते हैं?...किसानों को गहराई से जानने की जरूरत होती है। ज़रूरत होती है कि कैसे वह...।

आन्या : मामा, तुम फिर शुरू हो गए न?

वार्या : मामा, अब बस भी करो।

फ़ीर्स : (**नाराज़गी से**) लियोनिद आन्द्रीएविच।

गायेव : अच्छा...अच्छा...अच्छा लो चुप हो गया। तुम लोग सोने जाओ... एक ही निशाने में पॉकेट कर लिया न....एक तुम्हारे नाम का वो मारा...वाह, क्या कमाल का निशाना...।

[चला जाता है। फ़ीर्स उसे पीछे से पकड़े है]

आन्या : जब जाकर ज़रा दिमाग़ को चैन मिला है। यारोस्लाव्ल जाने को मेरा तो मन नहीं करता। दादी और मौसी मुझे ज़रा भी पसन्द नहीं हैं। बहरहाल, अब ज़रा धैर्य बँधा है....मामा को बहुत-बहुत शुक्रिया!

[नीचे बैठ जाता है]

वार्या : सोने का वक्त हो गया। मैं चल रही हूँ। जब तुम यहाँ नहीं थीं तो थोड़ी गड़बड़ हो गई थी। पुराने नौकरों की कोठरियों में सिर्फ़

पुराने नौकर ही रहते हैं—तुम तो जानती ही हो—येफ़ीम, पोल्या, यैवत्सिग्नी और कार्प। उन लोगों ने दुनिया-भर के लफंगों को रात बिताने को वहाँ टिकाना शुरू कर दिया। मैं कुछ नहीं बोली। लेकिन अचानक एक दिन मैंने सुना—उन्होंने इधर-उधर बकना शुरू कर दिया है कि मैं कंजूसी के मारे उन्हें खाने को मटर के दलिए के सिवा कुछ नहीं देती। अच्छा, और जानती हो, यह सब उसी यैवत्सिग्नी का किया-धरा था। मैंने भी मन-ही-मन कहा, अच्छी बात है—"अगर यों है, तो यों ही सही...अब तमाशा देखो।" मैंने यैवत्सिग्नी को बुलवाया **(जँभाई लेती है)** आया वह। मैंने पूछा, 'यैवत्सिग्नी, यह सब क्या है?' फिर मैंने कहा—'तुम ऐसी बेवकूफ़ी की बातें बकते फिरते हो'... **(कुछ देर चुप रहकर)** अरे, यह तो सो गई **(आन्या को बाँहों में भर लेती है)** आओ बिस्तर पर चलें....आओ चलो **(उसे ले चलती है)** मेरी मुन्नी रानी सो गई...आओ।

[जाती है]

[कहीं दूर बग़ीचे के दूसरे सिरे पर एक गड़रिया बाँसुरी बजाता है, त्रोफ़िमोव मंच को पार करता है लेकिन वार्या और आन्या को देखकर चुपचाप खड़ा हो जाता है]

वार्या : चुप...चुप आन्या सो रही है...आओ, मुन्नी चलो...।

आन्या : **(तन्द्रिल स्वर में धीरे से)** मैं बहुत थक गई हूँ....ये घंटियाँ अब भी...मामा....प्यारी अम्मा, और मामा....।

वार्या : आ बिटिया...मेरी रानी बिटिया चल....।

[आन्या के कमरे में जाती है]

त्रोफ़िमोव : मेरी ज्योति! मेरी बहार!

[पर्दा गिरता है]

अंक दो

[चरागाह का खुला दृश्य। एक पुराना-सा परित्यक्त टूटा-फूटा, दोनों ओर ढालू छत वाला गिरजा। उसके पास ही एक कुँआ। बड़े-बड़े पत्थरों के टुकड़े, जो स्पष्ट ही कब्रों के हैं। एक ओर बेंच। गायेव के घर जाने वाली सड़क दूर दिखाई देती है। एक तरफ़ काले-काले चिनार के पेड़। यहीं से चेरी का बग़ीचा शुरू होता है। दूर पर टेलीफोन के खम्भों की चली जाती लाइन, और बहुत दूर क्षितिज पर धुँधले दीखते क़स्बे की रूपरेखा। यह क़स्बा बहुत ही साफ़ मौसम में भले ही स्पष्ट दीखता हो। सन्ध्या होने को है। शार्लोटा, याशा और दुन्याशा बैंच पर बैठे हैं। पास खड़ा एपिख़ोदोव गिटार पर कोई दर्दीली धुन बजा रहा है। सभी विचारों में डूबे बैठे हैं। शार्लोटा एक पुरानी चोटीदार टोपी पहने है। उसने अपने कन्धे पर लटकी बन्दूक उतार ली है और उसका बकसुआ कस रही है]

शार्लोटा : **(विचारमग्न स्वर में)** मेरे पास कोई पासपोर्ट नहीं है न, इसलिए मुझे अपनी असली उम्र का ही पता नहीं। मुझे तो हरदम यही लगता है जैसे बच्ची ही होऊँ। बचपन में मेरे माँ-बाप यहाँ से वहाँ मेलों में घूमा करते थे और अच्छे-अच्छे तमाशे दिखाया करते थे। मैं साल्टो मार्टेल का नाच और तरह-तरह की कलाबाज़ियाँ दिखाया करती थी। जब माँ-बाप मर गए तो एक जर्मन बूढ़ी ने मुझे गोद ले लिया, पाला-पोसा, पढ़ाया-लिखाया। इस तरह बड़ी होकर मैं आज गवर्नेस बनी। लेकिन मैं कहाँ से आई हूँ, कौन हूँ—मुझे कुछ भी नहीं मालूम...। मेरे माँ-बाप कौन थे? हो सकता है उन लोगों ने आपस में शादी-वादी भी न की हो...**(अपनी जेब से एक खीरा निकालकर कचर-कचर खाती हैं)** **(कुछ देर चुप रह कर)** मेरा मन बातें करने को ललकता रहता है; लेकिन कोई भी तो ऐसा नहीं है जिससे बातें करूँ; न कोई दोस्त, न सम्बन्धी...।

एपिखोदोव : **(गिटार बजाते हुए गाता है)**

नहीं चिन्ता मुझे इस शोरगुल से भरी दुनिया की।

दोस्तो-दुश्मन की मुझे फिर फ़िक्र क्योंकर हो...।
अहा, मैंडोलिन पर गीत गाने में भी कैसा मज़ा आता है।

दुन्याशा : ये मैंडोलिन नहीं, गिटार है।

[जेबी शीशे में चेहरा देखकर पाउडर लगाती है]

एपिखोदोव : जो प्यार में पागल हो उसके लिए तो यही मैंडोलिन है। **(गाता है)**
"काश कि मेरे दिल को जलती प्यार भरी लपटें छू जातीं!"

[याशा भी गाने लगता है]

शार्लोटा : कैसी बुरी तरह गाते हैं ये लोग। कम्बख़्त सियारों की तरह रोते हैं....।

दुन्याशा : **(याशा से)** हाय, देश-विदेश घूमना-देखना भी कैसा मज़ेदार होता होगा।

याशा : सो तो है ही। मैं तुम्हारी बात से सोलहों आने सहमत हूँ।

[जँभाई लेता है फिर एक सिगार जला देता है]

एपिखोदोव : अरे, यह भी कोई कहने की बात है। विदेशों में हर चीज़ न जाने कब अपना पूरा विकास-विस्तार कर चुकी है।

याशा : एकदम सही बात है।

एपिखोदोव : मैं एक सभ्य-सुसंस्कृत आदमी हूँ। दुनिया-भर की अच्छी-से-अच्छी किताबें घोटे बैठा हूँ, लेकिन साफ़ और सच कहूँ तो कौन-सी दिशा मुझे अपनानी चाहिए, या वास्तव में मैं क्या चाहता हूँ—मेरी समझ में ख़ाक नहीं आता। अपने आपको गोली मार लूँ या ज़िन्दा रहूँ...बहरहाल पिस्तौल तो मैं हमेशा अपने साथ रखता हूँ। यह देखिए...।

[पिस्तौल दिखाता है]

शार्लोटा : ऊब गई मैं तो। अब चलती हूँ **(कन्धे पर बन्दूक रख लेती है)** एपिखोदोव—तुम आदमी काफ़ी तेज़ हो—कुछ खतरनाक भी हो। औरतें तुम्हारे पीछे ज़रूर पागल रहती होंगी, बर्र र्र र्र...**(जाते हुए)** ये अपने को तेज़ लगाने वाले आदमी भी कैसे बेवकूफ़ होते हैं! हाय कोई भी तो ऐसा प्राणी नहीं है जिससे मैं बातें करूँ...हमेशा अकेली-अकेली...मेरा अपना कोई भी तो नहीं है...मैं हूँ कौन? और आखिर धरती पर किसलिए साँस ले रही हूँ—मुझे कुछ नहीं पता **(धीरे-धीरे चली जाती है)**

एपिखोदोव : बिना, लाग-लपेट या इधर-उधर बहके-भटके अगर सच-सच कहूँ तो शर्तिया बात है कि क़िस्मत ने हमेशा मेरे साथ बड़ी बेरहमी का व्यवहार किया है—जैसे तूफ़ान छोटी नाव के साथ करता है। अच्छा मान लेता हूँ कि मेरे दिमाग़ में यह ग़लतफ़हमी घुस बैठी

है, वहम का कीड़ा घुस गया है। मगर अब यही मिसाल लीजिए, आज सुबह जब मैं उठा तो क्या देखता हूँ कि मेरी छाती पर एक लम्बा-चौड़ा मकड़ा...ऐसा **(दोनों हाथों से उसका आकार बताता है)** जमा बैठा है। ख़ैर साहब, फिर जैसे ही प्यास बुझाने को मैं 'क्वास' **(जौ की शराब)** की सुराही उठाता हूँ तो देखता क्या हूँ कि उसमें निहायत ग़लीज़ चीज़—कुछ नहीं तो एक तिलचट्टा ही पड़ा है **(कुछ देर फिर चुप रहकर)** दुन्याशा, मैं ज़रा एक खास बात बताने के लिए दो मिनट की तकलीफ देना चाहूँगा।

दुन्याशा : हाँ, हाँ, कहो।

एपिखोदोव : मैं एकान्त में कुछ बातचीत करना चाहता था।

[गहरी साँस लेता है]

दुन्याशा : **(झल्लाकर)** अच्छा ठीक है, पहले मेरा दुपट्टा उधर से उठाकर दे दो। अलमारी के पास रखा है। यहाँ तो बहुत सीलन है।

एपिखोदोव : ज़रूर-ज़रूर। अभी लाता हूँ। अब मेरी समझ में अपनी पिस्तौल का काम आया है।

[गिटार बजाता हुआ चला जाता है]

याशा : सुनो, बाईस आफ़त, किसी से कहना नहीं...यह एकदम वज्र मूर्ख है। **(जँभाई लेता है)**

दुन्याशा : हाय राम! यह कहीं अपने ही गोली न मार ले **(कुछ देर चुप रहकर)** मेरे हाथ-पाँव तो एकदम फूल गए हैं। मैं हमेशा घबरा जाती हूँ। जब मैं मालकिन के यहाँ लाई गई थी तो निरी बच्ची थी—और मुझमें कहाँ रह गई है किसानों जैसी कोई बात? अब तो खुद मालकिन की तरह मेरे हाथ भी गोरे-गोरे हो गए हैं। इतनी नाजुक और कोमल हूँ कि हर किसी से डर लगता रहता है। बुरी तरह सहम जाती हूँ। सुनो याशा, अगर तुमने मुझे धोखा दिया तो समझ लेना, पता नहीं मेरे दिमाग़ का क्या हो जाए।

याशा : **(दुन्याशा का चुम्बन लेता है)** अरी मेरी अंगूरी! सच कहती हो, लड़की को कभी भी अपनी औक़ात नहीं भूलनी चाहिए। मुझे तो लड़कियों का अपना शील स्वभाव भूल जाना बिल्कुल भी पसन्द नहीं है।

दुन्याशा : याशा, तुम्हारे प्यार में मैं पागल हो गई हूँ। कितने पढ़े-लिखे आदमी हो तुम। हर चीज़ पर अपने विचार प्रगट कर लेते हो।

[कुछ देर चुप्पी]

याशा : **(जँभाई लेता है)** सो तो ठीक ही है। मेरी राय में अगर कोई लड़की किसी को प्यार करती है, तो इसका साफ मतलब हुआ कि उसके

चरित्र में खोट है। **(कुछ देर रुककर)** खुली हवा में सिगार पीने में भी कैसा मज़ा है! **(कोई आवाज़ सुनकर)** लगता है इधर कोई आ रहा है...मालकिन और उनके साथी लोग हैं...**(दुन्याशा आवेश से उसका आलिंगन कर लेती है)** अच्छा, अब घर जाओ—मानो तुम नदी में नहाने गई थीं...इधर वाले रास्ते से जाओ, वर्ना रास्ते में वे लोग मिल जाएँगे; सोचेंगे, मैंने ही तुम्हें यहाँ मिलने के लिए बुलाया होगा। यह अच्छा नहीं लगेगा।

दुन्याशा : **(धीरे से खाँसते हुए)** तुम्हारे सिगार ने तो मेरे सिर में दर्द कर दिया है। **(चली जाती है)**

[याशा गिरजे के पास ही बैठा रहता है। रैनिव्स्काया, गायेव और लोपाख़िन का प्रवेश]

लोपाख़िन : आप एक बार अन्तिम रूप से निश्चय कर डालिए। वक्त किसी की राह नहीं देखता। अरे, एकदम सीधा-सा सवाल यही तो है न कि बंगलों के लिए ज़मीन उठाने को आप राज़ी हैं या नहीं? बस एक ही शब्द में तो फ़ैसला है—सिर्फ़ एक शब्द!

रैनिव्स्काया : यह ऐसी बदतमीज़ी से यहाँ कौन सिगार फूँक रहा है?

[बैठ जाती है]

गायेव : अब तो रेल की लाइन भी बहुत पास आ गई है। इससे और भी आसानी हो गई **(बैठ जाता है)** अब तो शहर जाओ और खाना खाकर लौट आओ। वह मारी सफ़ेद गेंद पॉकिट में! मेरा मन तो घर जाकर एक बाज़ी खेलने को कर रहा है।

रैनिव्स्काया : जल्दी क्या है!

लोपाख़िन : सिर्फ़ एक ही तो शब्द की बात है **(अनुरोध में)** मुझे उत्तर तो दे दीजिए न।

गायेव : **(जँभाई लेकर)** क्या कहा तुमने?

रैनिव्स्काया : **(अपने पर्स में देखती है)** कल इसमें ढेर-सा पैसा था और अब पाई भी नहीं बची। बिटिया वार्या हमें सिर्फ़ दूध का सूप खिला-पिलाकर ही जैसे-तैसे काम चलाती है। रसोई में बूढ़ों को मटर की महेरी के सिवा कुछ खाने को नहीं मिलता और मैं हूँ कि अपना पैसा पानी की तरह बहाती हूँ **(पर्स गिरा देती है। सोने के सिक्के बिखर जाते हैं)** लो ये भी चले बाहर! **(झुंझला उठती है)**

याशा : लाइए मैं समेटे देता हूँ।

[सिक्कों को जमा करता है]

रैनिव्स्काया : हाँ, ज़रा उठा देना याशा। मैं शहर में खाना खाने पहुँची ही क्यों?—वह ऊटपटाँग संगीत और सूप की बदबू भरे टेबिल-क्लाथों

वाला गन्दा रेस्तराँ...लियोनिद, तुम इतना क्यों पीते हो? क्यों इतना खाते हो? क्यों इतनी बकबक करते हो? आज रेस्तराँ में ही तुम सत्रहवीं शताब्दी के बारे में, पतनशीलों के विषय में, दुनिया भर की बकवास करते रहे...और वह भी किससे? बैरों और 'वेटरों' से 'पतनशीलों' के बारे में बकवास...? हुँह।

लोपाख़िन : आप ठीक कहती हैं।

गायेव : **(हाथ झटककर)** भाई, साफ़ बात है कि मैं तो अब सुधर-बुधर नहीं सकता **(याशा से झुंझलाकर)** यहाँ मेरे सामने खड़ा-खड़ा क्यों नाच रहा है?

याशा : **(हँसता है)** आपकी बात सुनकर मुझसे हँसे बिना नहीं रहा जाता।

गायेव : **(रैनिव्स्काया से)** या तो इसे या मुझे...।

रैनिव्स्काया : भाग रे याशा, चल भाग!

याशा : **(रैनिव्स्काया को उसका पर्स देकर)** जी, अभी जा रहा हूँ। **(मुश्किल से अपनी हँसी दबाकर)** बस, इसी मिनट!

[चली जाता है]

लोपाख़िन : लखपति सेठ दैरिगानोव है न, वह आपकी जायदाद को खरीदना चाहता है। सुनते हैं नीलाम में वह खुद आएगा।

रैनिव्स्काया : यह तुमने कहाँ सुना?

लोपाख़िन : शहर में सब यही कह रहे हैं।

गायेव : यारोस्लाव्ल वाली मौसी ने कुछ सहायता करने का वचन तो दिया है, लेकिन कब और कितना देगी, सो नहीं पता।

लोपाख़िन : कितना भेज देंगी? एक लाख? दो लाख?

रैनिव्स्काया : अरे यही ज़्यादा-से-ज़्यादा दस हज़ार-पन्द्रह हज़ार! अगर इतना ही कर दें तो हम उनके बहुत अहसानमन्द होंगे।

लोपाख़िन : माफ़ कीजिए, आप जैसे दुविधा के मारे, हवाई और अजीब लोगों से सारी जिन्दगी कभी मेरा पाला नहीं पड़ा। मैं आपसे सीधी-सादी भाषा में साफ़ बता रहा हूँ कि आपकी जायदाद नीलाम होने जा रही है, और लगता है आप लोग समझना ही नहीं चाहते। पता नहीं, कहाँ-कहाँ की उड़ा रहे हैं।

रैनिव्स्काया : अच्छा, तो हम लोग क्या करें? बताओ न, क्या करें?

लोपाख़िन : रोज़ ही क्या आपको नहीं बताता? एक ही रास्ता है सो रोज़-रोज़ कह देता हूँ। अपना चेरी का बग़ीचा और जमीन बँगले बनाने के लिए किराए पर उठा दीजिए और झंझट ख़त्म कीजिए। लेकिन अब देरी करने से बिल्कुल काम नहीं चलेगा। नीलाम छाती पर आ गया है। ज़रा समझने की कोशिश कीजिए; सिर्फ़ एक बार

बँगले बनाने का मन में निश्चय तो कीजिए फिर जितना रुपया चाहेंगी मिल जाएगा। लीजिए साहब, हर्र न फिटकरी, काम बन गया।

रैनिव्स्काया : बँगले...गर्मियों में सैर करने वाले लोग...माफ़ करो, यह सब गले नहीं उतर रहा।

गायेव : मुझे भी तुम्हारी बात ठीक लगती है।

लोपाख़िन : हद हो गई! अब या तो मैं अपना सिर फोड़ लूँगा या चीख़-चीख़ कर बेहोश हो जाऊँगा। अब मुझसे बर्दाश्त नहीं होता। आप लोगों ने तो मेरा दिमाग़ खराब कर दिया। **(गायेव से)** और आप...आप सठिया गए हैं।

गायेव : क्या कहा?

लोपाख़िन : बुढ़ा गए हैं आप।

[जाने के लिए उठता है]

रैनिव्स्काया : **(डरी हुई-सी)** नहीं, नहीं, जाओ मत भैया, रुको तो सही। शायद हम लोग कोई रास्ता निकाल लें।

लोपाख़िन : सोचने को उसमें रखा ही क्या है?

रैनिव्स्काया : मैं प्रार्थना करती हूँ मत जाओ। तुम यहाँ रहते हो तो मेरी हिम्मत बनी रहती है। **(कुछ देर रुक कर)** वर्ना मुझे ऐसा लगता रहता है, जैसे कुछ अशुभ होने वाला है। माने यह घर अभी-अभी हमारे देखते-देखते गिर पड़ेगा और हमारे कानों के पर्दे फट जाएँगे!

गायेव : **(बड़ी अन्यमनस्कता से)** सफ़ेद गेंद पॉकेट में!...ऊँह, बाल-बाल बच गई!

रैनिव्स्काया : हम लोग बड़े गुनहगार हैं।

लोपाख़िन : तुम...? आखिर क्या गुनाह कर डाला आपने?

गायेव : **(मुँह में एक मिठाई डाल लेता है)** लोग कहते हैं मैंने अपनी सारी जायदाद शक्कर की गोलियों में खा डाली!

[हँसता है]

रैनिव्स्काया : हाय, मेरे गुनाहों का क्या पूछना? मैंने हमेशा बिना आगा-पीछा सोचे, पागलों की तरह पैसा बहाया है। पहले तो ऐसे आदमी से शादी कर बैठी, जिसे कर्ज़ करने के सिवा कोई और काम ही नहीं था। इतनी बुरी तरह उसने शराब पी कि शैम्पेन पीते-पीते ही उसके प्राण निकल गए। फिर मेरी कम्बख्ती यह कि दूसरे आदमी को प्यार किया—और फौरन ही मुझे पहला दंड भी मिला—मेरे ऊपर वज्र टूट पड़ा...। यहीं, इसी नदी में...मेरा बेटा डूब मरा! फिर मैं विदेश चली गई ताकि यहाँ कभी न लौटूँ...इस नदी को कभी

न देखूँ....हमेशा बाहर ही घूमती रहूँ...। मैं आँखें बन्द करके भाग खड़ी हुई...दिग्भ्रमित की तरह। लेकिन वह मेरा दूसरा खसम क्रूरता और निर्दयता से मेरी जान को ही लगा रहा—मैन्तॉन में जाकर मैंने एक बँगला खरीदा—क्योंकि यह साहब वहाँ जाकर बीमार हो गए। तीन साल, रात और दिन एक पल का आराम नहीं मिला। उस बीमारी और बीमार दोनों ने मुझे चूर-चूर कर डाला। आत्मा का जैसे सारा रस निचुड़ गया। आख़िरी साल जब कर्ज़े के लिए मेरा बँगला बिक गया तो मैं पेरिस चली आई। यहाँ इन साहब ने दूसरी औरत के लिए मेरा सारा मालमत्ता छीनकर मुझे धक्का दे दिया। तब मैंने ज़हर ख़ाकर मरने की ठान ली।...हाय, कैसी शर्मनाक! ...फिर अचानक मेरे दिल में रूस के लिए, अपने देश के लिए, अपनी छोटी बच्ची के लिए, हूक-सी उठने लगी...**(अपने आँसू पोंछती है)** हे भगवान्, हे प्रभो, मेरे पापों को क्षमा कर, मेरे ऊपर दया कर! अब मुझे और दंड मत दे! **(अपनी जेब से तार का काग़ज निकालती है)** पेरिस से मुझे आज ही यह तार मिला है! वह मुझसे क्षमा माँगते हैं, लौट आने की खुशामद करते हैं। **(तार को फाड़ देती है)** लगता है कहीं संगीत हो रहा। **(सुनती है)**

गायेव : वही हमारी प्रसिद्ध पुरानी यहूदी संगीत-मंडली है। चार वायलिन, एक बाँसुरी और दो बास हैं!

रैनिव्स्काया : अच्छा, अभी तक चली आ रही है वह मंडली? किसी दिन सन्ध्या को इन्हें बुलाना तो, फिर ज़रा डटकर नाच-गाना हो!

लोपाख़िन : **(सुनते हुए)** मुझे तो कुछ भी सुनाई नहीं देता **(गुनगुनाता है)** "पैसे के लिए जर्मन, रूसी को बना देगा फ्रांसीसी!" **(हँसता है)** कल थियेटर में मैंने ऐसी चीज़ देखी कि बस! ऐसी मज़ाकिया कि क्या बताऊँ...।

रैनिव्स्काया : हो सकता है उसमें मज़ाकिया क़िस्म की कोई बात ही न हो। खेल को देखने की बजाय तुम कभी-कभी खुद अपने को ही देख लिया करो! कैसी नीरस...रूखी तुम लोगों की ज़िन्दगी है! और तुम हो कि दिन भर बक-बक ही करते रहते हो!

लोपाख़िन : सो तो सही है। ईमानदारी की बात तो यही है कि हम लोग एकदम जाहिलों की ज़िन्दगी जीते हैं **(कुछ देर रुककर)** मेरा बाप बिल्कुल बुद्धू किसान था। न तो वह खुद कुछ जानता था, न मुझे ही उसने कुछ सिखाया। नशे में धुत होकर छड़ी से मेरी वो ठुकाई करता कि बस...नतीजे में मैं भी ठीक वैसा ही गोबर-गनेश हूँ। ढंग से मैंने कुछ भी तो नहीं पढ़ा। लिखाई मेरी ऐसी भद्दी, कि बस

सुअर की तरह लिखता हूँ। लोगों के सामने लिखने में भी शर्म आती है...

रैनिव्स्काया : अच्छा भैया, अब तो तुम्हें शादी कर डालनी चाहिए!

लोपाख़िन : हाँ-हाँ...यह तो ठीक कहती हैं आप।

रैनिव्स्काया : हमारी वार्या से ही शादी कर डालो न, बड़ी अच्छी लड़की है।

लोपाख़िन : जी हाँ, ठीक है।

रैनिव्स्काया : शील-स्वभाव की भी अच्छी है। दिन-भर कुछ-न-कुछ करती ही रहती है। सबसे बड़ी बात, इससे ज्यादा और क्या चाहिए कि वह तुम्हें चाहती है...तुम भी तो हमेशा से उसे पसन्द करते हो।

लोपाख़िन : अरे, मुझे इसमें आपत्ति ही कहाँ है? वह तो बहुत ही अच्छी लड़की है।

[थोड़ी देर चुप्पी]

गायेव : तुम्हें पता है, छः हज़ार रूबल सालाना की मुझे बैंक में एक जगह मिल रही है?

रैनिव्स्काया : तुम और बैंक में? जैसे हो, अपने घर बैठो चुपचाप!

[ओवरकोट लेकर फ़ीर्स का प्रवेश]

फ़ीर्स : सरकार जाड़ा है। इसे पहन लें।

गायेव : तुम भी फ़ीर्स, जान का बबाल ही हो।

फ़ीर्स : सरकार इस तरह काम थोड़े ही चलता है, आप सुबह बिना कुछ कहे-सुने ही चले गए।

[उसके कपड़े ध्यान से देखता है]

रैनिव्स्काया : फ़ीर्स, तुम तो बहुत बूढ़े दिखाई देते हो।

फ़ीर्स : क्या कहा बीबीजी?

लोपाख़िन : उन्होंने कहा, तुम ज़्यादा बूढ़े दिखाई देते हो।

फ़ीर्स : बड़ी लम्बी जिन्दगी काटी है मैंने सरकार। जब आपके पिताजी का जन्म भी नहीं हुआ था, तब लोगों ने मेरी शादी तय कर डाली थी...(**हँसता है**) गुलामों की स्वतन्त्रता से* भी पहले से मैं उनका ख़ास अर्दली था। मैं तो 'स्वतन्त्र' होने को राज़ी नहीं हुआ। अपने पुराने मालिक के साथ ही बना रहा।...(**कुछ देर चुप रहकर**) मुझे याद है, उन लोगों ने कैसी-कैसी खुशियाँ मनाई थीं...और कम्बख़्तों को यह तक मालूम नहीं था कि आख़िर खुशियाँ किस बात पर मना रहे हैं?

लोपाख़िन : वे पुराने दिन भी कैसे अच्छे थे। कम-से-कम कोड़ेबाज़ी तो होती थी।

---

* 1861 का किसानों का दासता-उन्मूलन आन्दोलन।

फ़ीर्स : **(कुछ न सुनकर)** ज़रूर! किसान अपनी हैसियत समझते थे, मालिक अपनी। लेकिन अब तो सभी मन के राजा हैं। किसी की कोई सिर-पूँछ ही समझ में नहीं आती।

गायेव : फ़ीर्स अब चुप रहो। कल मुझे शहर जाना है। एक जनरल से मेरा परिचय कराने की बातचीत है। हो सकता है यह हमें कर्ज़ दे दे।

लोपाख़िन : उससे क्या होगा? आप विश्वास रखिए उससे आप अपना सूद भी नहीं चुका पाएँगे।

रैनिव्स्काया : यह तो सब इनकी बकवास है। ऐसा कोई जनरल-वरनल नहीं है।

[त्रोफ़िमोव, आन्या और वार्या का प्रवेश]

गायेव : देखो हमारी लड़कियाँ जा रही हैं।

आन्या : देखो बेंच पर, अम्मा वो बैठीं।

रैनिव्स्काया : **(प्यार से)** यहाँ आओ, आओ। यहाँ आ जाओ बिटिया **(आन्या और वार्या को बाँहों में कसती है)** पता है तुम्हें, मैं तुम दोनों को कितना प्यार करती हूँ? यहीं मेरे पास बैठ जाओ। हाँ, ऐसे!

[सब बैठ जाती हैं]

लोपाख़िन : यह हमारे चिरन्तन-विद्यार्थी साहब हमेशा छोकरियों के साथ ही लगे रहते हैं।

त्रोफ़िमोव : अरे, आप अपना काम देखिए।

लोपाख़िन : अभी आप पचास के हो जाएँगे, मगर हैं फिर भी आप विद्यार्थी ही।

त्रोफ़िमोव : अपने यह बेवकूफ़ी के मज़ाक बन्द करो!

लोपाख़िन : अरे बुद्धूमल, इतना, आप चिढ़ किस बात पर रहे हैं ?

त्रोफ़िमोव : उफ़! कह तो दिया मेरी जान मत खाओ।

लोपाख़िन : अच्छा, ज़रा एक बात तो बताओ, मेरे बारे में तुम्हारा क्या ख़्याल है?

त्रोफ़िमोव : जनाब यार्मोलाय अलैक्सीएविच साहब, सुनो अपने बारे में मेरी राय। आदमी तुम पैसे वाले हो ही, जल्दी ही लखपति हो जाओगे। प्रकृति की व्यवस्था ठीक रखने के लिए ऐसा जंगली जानवर भी बड़ा उपयोगी होता है जो रास्ते में आने वाले हर शिकार को निगल जाए। ठीक वही हाल तुम्हारा है।

[सब हँसते हैं]

वार्या : पेत्या, अच्छा हो अब तुम हमें ग्रहों के बारे में कुछ बताओ!

रैनिव्स्काया : नहीं, कल हम लोग जो बात कर रहे थे उसे ही पूरा करें।

त्रोफ़िमोव: किसके बारे में?

गायेव : शेख़ी के।

त्रोफ़िमोव : हाँ, कल हम काफ़ी देर तक लम्बी-चौड़ी बहस करते रहे, मगर किसी नतीज़े पर नहीं पहुँचे थे। शेख़ी का हम जिस अर्थ में प्रयोग करते हैं उसमें कुछ-न-कुछ रहस्य का तत्त्व रहता है। यों हो सकता है, अपनी निगाह में आप ठीक हों। लेकिन बात को बिना ज़्यादा उलझाए या बाल की खाल निकाले, अगर ज़रा भी सामान्य तर्क से देखें तो शेखी की आख़िर ज़रूरत क्या है? अगर मानसिक रूप से आदमी एकदम दीवालिया ही है, या आम लोगों की भाषा में गँवार, बुद्धू या भीतर से दुःखी है तो शेखी उसकी कहाँ क्या मदद करेगी? अपने-आपको सबसे अच्छा या ऊँचा दिखाने के ये हथकंडे हमें बन्द कर देने चाहिएँ। अरे, जो अपना काम हो सो किए जाइए—यही क्या कम है।

गायेव : यानी मर जाइए!

त्रोफ़िमोव : कौन जाने...? और आख़िर इस मरने का भी मतलब क्या है? कौन जाने आदमी में कितनी प्रकार की चेतनाएँ भरी पड़ी हैं। हमें तो इतना ही मालूम है कि मृत्यु के समय उसकी केवल पाँच ज्ञानेन्द्रियाँ समाप्त हो जाती हैं। हो सकता है—उस समय उसकी शेष पचानबे जीवित ही बनी रहती हों।

रैनिव्स्काया : पेत्या, तुम तो बड़े समझदार हो गए हो।

लोपाख़िन : (व्यंग्य से) ख़तरनाक रूप से समझदार।

त्रोफ़िमोव : मानवता अपनी शक्तियों का विकास करती हुई बढ़ती है। आज जो चीज़ आदमी की पहुँच से बाहर है—एक-न-एक दिन उसकी पकड़ में आ जाएगी, उसके लिए आसान हो जाएगी। हमारे लिए तो सिर्फ़ इतना ज़रूरी है कि काम किए जाएँ—अपनी भरपूर शक्तियों से सत्य के खोजियों को बढ़ावा देते जाएँ। जहाँ तक मैं जानता हूँ, हमारे रूस में आज काम करने वाले बहुत ही थोड़े हैं। बुद्धिजीवियों में अधिकांश न तो कुछ पाना चाहते हैं; न कुछ करते हैं—अभी तक तो किसी ने कोई कमाल किया नहीं है। कहते वे अपने को बुद्धिजीवी हैं। लेकिन नौकरों से कुत्तों की तरह व्यवहार करते हैं—किसानों से ऐसे पेश आते हैं जैसे वे जानवर हों। कुछ भी सीखते नहीं हैं। गम्भीरता से कुछ पढ़ना-लिखना तो दूर, वे कुछ करना ही नहीं चाहते। जब देखो तब विज्ञान की बातें करते हैं—कला के बारे में एकदम कोरे होते हैं। वे सब गम्भीर किस्म के लोग हैं—हमेशा मनहूस सूरतें बनाए रहते हैं—हर चीज़ में दार्शनिकता छोंकते हैं और भारी-भारी मसलों और सिद्धान्तों पर बातें करते हैं। लेकिन निन्यानबे प्रतिशत जंगलियों की तरह रहते

हैं। घूँसों और गालियों से कम तो बातें ही नहीं करते। ठूँस-ठूँस कर खाते हैं, गन्दगी और घुटन में पड़े रहते हैं—उनके चारों तरफ़ बदबू, खटमल और नैतिक गन्दगी ही दिखाई देती है। मतलब साफ़ है कि हमारी यह सारी अच्छी-अच्छी बातें सिर्फ़ अपनी और दूसरों की आँखों में धूल झोंकने के लिए हैं। हम लोग बकवास कितनी करते हैं। आप मुझे एक भी तो बच्चों के पालन-पोषण की नर्सरी बताइए—रीडिंग-रूम बताइए? सिर्फ़ उपन्यास कहानियों में ही उनका ज़िक्र मिलता है। वास्तविक जीवन में उनका कहीं अता-पता नहीं है। गन्दगी, जहालत और एशियाई ईर्ष्या, इसके सिवा यहाँ रखा ही क्या है। मुझे तो भाई, इन गम्भीर चेहरों से डर लगता है, घृणा होती है। कतराता हूँ इन गम्भीर बातों से मैं। हम लोग चुप भले ही रहते हों मगर कम-से-कम इनसे तो अच्छे ही हैं।

लोपाख़िन : आपको पता है, मैं सुबह चार के बाद उठता हूँ और सुबह से लेकर सन्ध्या तक काम में ही फँसा रहता हूँ। मेरे पास अपना पैसा है—दूसरों का पैसा है। वह सब मेरे ही हाथों इधर-से-उधर होता रहता है। इसलिए मुझे पता है कि मेरे आसपास के ये सब लोग कैसे हैं। लोग कितने बुरे या बेईमान हैं, इस बात को देखने के लिए आपको अपनी ओर से कुछ भी करने की ज़रूरत नहीं। कभी-कभी जब मैं सुबह जागा हुआ लेटा रहता हूँ तो सोचता हूँ—'हे भगवान् तूने हमें ये लम्बे-चौड़े जंगल दिए हैं—असीम मैदान दिए हैं—दूर-दूर तक फैले क्षितिज दिए हैं—ऐसी दुनिया में रहकर तो हमें दैत्याकार हो जाना चाहिए था।'

रैनिव्स्काया : तो तुम दैत्याकार होना चाहते हो? ये दैत्य कहानी-किस्सों की किताबों में ही मासूम लगते हैं, वास्तविक ज़िन्दगी में तो वे हमारे तुम्हारे प्राण खा लेंगे।

[पृष्ठभूमि में गिटार बजाता हुआ एपिख़ोदोव जाता है]

रैनिव्स्काया : **(स्वप्नाविष्ट-सी)** ऐपिखोदोव जा रहा है।

आन्या : **(खोई-खोई-सी)** ऐपिखोदोव जा रहा है।

गायेव : भाइयो, दिन छिप गया है।

त्रोफ़िमोव : हाँ!

गायेव : **(धीरे-धीरे लेकिन बड़ी आलंकारिक भाषा में)** हे प्रकृति, ओ दिव्य प्रकृति, अपने अनन्त तेज़ से तू प्रकाशित है...। निरपेक्ष और सुन्दर...तू...जिसे हम 'माँ' कहते हैं, तू हमारे जीवन और मरण के किनारों को मिलाती है...तू ही हमें जीवन देती है और तू ही उसका

नाश कर देती है।

लोपाख़िन : ''ऑफ़ोलिया, देवी, अपनी प्रार्थनाओं में मेरे गुनाहों को भी याद कर लेना।''

रैनिव्स्काया : चलें, खाने का समय हुआ जा रहा है।

वार्या : हाय, उसने मुझे कैसा डरा दिया। मेरा तो दिल अभी तक धक्-धक् कर रहा है।

लोपाख़िन : भाइयो और बहनो, एक बार आपको फिर याद दिला दूँ...बाईस अगस्त को चेरी का बगीचा नीलाम हो जाएगा। कुछ सोचिए, भगवान के लिए उसके बारे में कुछ सोचिए।

[त्रोफ़िमोव और आन्या के सिवा सब जाते हैं]

आन्या : **(हँसकर)** मैं तो उस गुंडे मुसाफ़िर की बड़ी कृतज्ञ हूँ। उसने वार्या को डराकर भगा दिया और हम लोग अकेले रह गए।

त्रोफ़िमोव : वार्या को डर है कि कहीं हम एक-दूसरे के प्यार में न पड़ जाएँ। इसलिए पूरे-पूरे दिन वह हमें अकेला नहीं छोड़ती। उसकी ओछी बुद्धि में यह बात कभी आ ही नहीं सकती कि हम लोग प्यार से ऊपर हैं। हमारी ज़िन्दगी का सम्पूर्ण अर्थ और लक्ष्य है कि—उस हर क्षणभंगुर छलावे और टुच्चेपन को अपने रास्ते से हटा दें जो हमारे आनन्द और हमारी स्वतन्त्रता का रास्ता रोके हुए है। बढ़ो! सूदूर क्षितिज में चमकते हुए उस झिलमिलाते सितारे तक हमें आगे ही बढ़ते जाना है। आगे बढ़ो दोस्तो, पीछे घिसटो मत।

आन्या : **(अपने हाथ एक-दूसरे में फँसाकर)** सच. तुम कैसा अच्छा बोलते हो! **(कुछ देर चुप रहकर)** यहाँ बड़ा सुहाना लग रहा है।

त्रोफ़िमोव : हाँ, मौसम बड़ा सुहावना है।

आन्या : पेत्या, पता नहीं तुमने जाने क्या कर दिया है कि मैं अब चेरी के बगीचे को पहले की तरह प्यार नहीं करती। पहले तो मैं इसे प्राणों से ज़्यादा चाहती थी। सोचा करती थी, हमारे बगीचे जैसी कोई चीज़ इस धरती पर नहीं है।

त्रोफ़िमोव : सारा रूस ही तो हमारा बग़ीचा है। आन्या, धरती बहुत सुन्दर है, बहुत बड़ी है! और इसमें एक से एक सुन्दर चीज़ें हैं **(कुछ क्षण चुप रहकर)** ज़रा सोच कर तो देखो आन्या। तुम्हारे दादा-परदादा और सारे पुरखे़ गुलामों को पालने वाले थे...जीते-जागते प्राणियों के मालिक थे—इस बगीचे की हर चेरी से, हर पत्ती से, हर तने से, क्या तुम्हें नहीं लगता जैसे एक जीवित आत्मा हमारी ओर आँखें फाड़-फाड़कर देख रही हो? क्या तुम्हें उनकी आवाजें नहीं सुनाई देतीं? अरे मालिक लोगो, इन सबने तुम्हें बदल डाला

है—तुम्हारे पुरखों और तुम्हें दोनों को बदल डाला है। इसीलिए तुम हो या तुम्हारी माँ, कोई भी महसूस नहीं करता कि तुम लोग उन्हीं के कन्धों पर रंगरेलियाँ मना रहे हो जिन्हें तुम्हारे घरों में घुसने तक की इजाज़त नहीं है। उफ! कैसा भयंकर है! यह तुम्हारा बगीचा भी बड़ी डरावनी जगह है। सन्ध्या या रात को यहाँ जब कोई घूमता है। झुटपुटे में पेड़ों की मनहूस छालें झिलमिलाती हैं। पुराने-पुराने चेरी के पेड़, भयंकर स्वप्नों से त्रस्त, सदियों पहले के युग में डूबने लगते हैं। हाँ, हाँ! हम लोग अभी भी कम-से-कम दो सौ साल पिछड़े हुए लोग हैं। अभी तक हमने पाया ही क्या है? अपने अतीत के लिए हमारे पास कोई निश्चित दृष्टिकोण नहीं है। सिर्फ़ सूक्तियाँ बघारते हैं, आज के पतन और हास पर रोते हैं और वोद्का पीते हैं। वर्तमान में जीने के लिए हमें अतीत से पीछा छुड़ाना ही होगा—निर्ममता से हमें उसे तोड़ फेंकना होगा। और अतीत को तिलांजलि हम तभी दे सकते हैं जब इसके लिए एड़ी-चोटी का जोर लगाएँ...अन्धाधुन्ध और अनथक परिश्रम करें। यह समझ लेना, आन्या!

आन्या : जिस मकान में हम लोग रहते हैं, अब हमारा नहीं रहा। तुमसे सच कहती हूँ, मैं अब इसे छोड़कर चली जाऊँगी।

त्रोफ़िमोव : अगर अब भी यहाँ की चाबियाँ तुम्हारे पास हों, तो फेंको उन्हें कुएँ में, और भाग जाओ। हवा की तरह उन्मुक्त, स्वतन्त्र बनो!

आन्या : **(आनन्दावेग से)** आह, तुमने कैसे सुन्दर ढंग से यह बात कही है।

त्रोफ़िमोव : आन्या मेरा विश्वास करो! मैं अभी तीस का भी नहीं हूँ—मैं नौजवान हूँ। हालाँकि अभी भी मैं विद्यार्थी ही हूँ, लेकिन ज़माना देख चुका हूँ। जाड़ा आते ही मैं भूखा रहूँगा, बीमार रहूँगा—परेशान रहूँगा और भिखारी की तरह दाने-दाने को मोहताज हो जाऊँगा। भाग्य के कितने ऊँच-नीच मैंने नहीं जाने? कहाँ-कहाँ मैंने ठोकरें नहीं खाईं? पर हर क्षण, दिन और रात, मेरी आत्मा में न जाने कैसी-कैसी कल्पनाएँ झिलमिलाया करती हैं...आज मुझे प्रसन्नता का आभास हो रहा है। आन्या, मैं उस आनन्द को अपनी ओर आते हुए साफ़ देख रहा हूँ।

आन्या : **(उदास होकर)** चाँद निकल आया है।

[एपीखोदोव गिटार पर वही विषादभरी धुन बजाता सुनाई देता है। चाँद निकल आया है। चिनार के पेड़ों के पास कहीं आन्या को खोजती वार्या पुकार रही है—"आन्या तुम कहाँ हो!"]

त्रोफ़िमोव : हाँ, चाँद निकल आया है। **(कुछ क्षण मौन)** देखो, वह खुशी कैसी

चली आ रही है...वह आ रही...मेरे पास चली आ रही है। मुझे उसके क़दमों की आवाज़ें सुनाई देने लगी हैं...फिर भी अगर हम उसे देख न सकें, जान न सकें, उसकी ओर से पीठ फेर लें, तो उसका कुछ नहीं बिगड़ता। दूसरे देखेंगे—हमारे बाद आने वाले देखेंगे उसे।

वार्या : **(नेपथ्य से)** आन्या, तुम कहाँ हो?

त्रोफ़िमोव : लो, यह कम्बख़्त वार्या फिर आ मरी। **(गुस्से से)** अच्छी मुसीबत है।

आन्या : ख़ैर चलो नीचे नदी पर चलें। वहाँ बड़ा सुहावना है।

त्रोफ़िमोव : हाँ, वहीं चलें।

[दोनों जाते हैं]

वार्या की आवाज़ : आन्या!

[पर्दा गिरता है]

अंक तीन

[एक बड़ी बैठक। इसे एक बड़े ड्राइंगरूम से महराबदार हिस्से द्वारा बाँटकर बनाया गया है। सन्ध्या का समय। एक झाड़ जल रहा है। भीतर के कमरे में वही यहूदी-आर्केस्ट्रा बजता सुनाई दे रहा है जिसका ज़िक्र अंक दो में आया है। बड़े वाले ड्राइंगरूम में सब लोग 'महारास' नाच रहे हैं। सिम्योनोव पिश्चिक चिल्लाता हुआ सुनाई दे रहा है ''जोड़े-जोड़े में आइए।''

ड्राइंगरूम में लोग जोड़े-जोड़े में प्रवेश करते हैं। पहले शार्लोटा और पिश्चिक, फिर त्रोफ़िमोव और रैनिव्स्काया, फिर पोस्टमास्टर क्लर्क के साथ आन्या और फिर स्टेशन मास्टर के साथ वार्या। वार्या नाचते हुए ही चुप-चुप सिसकती अपने आँसू पोंछती जा रही है। आखिरी जोड़े में दुन्याशा है। ये लोग नाचते हुए ही ड्राइंगरूम पार कर जाते हैं]

पिश्चिक : (**ज़ोर-ज़ोर से फ्रेंच में बोलता है**) बड़े घेरे में—बड़े घेरे में। रास की गति से। भाइयो, नाचते जाइए और अपनी-अपनी साथिन का शुक्रिया अदा करते जाइए।

[फ़ीर्स शाम के कपड़े पहने हुए ट्रे में सोडावाटर लाता है। पिश्चिक और त्रोफ़िमोव बैठक में प्रवेश करते हैं]

पिश्चिक : मेरा दिल कुछ कमज़ोर है। दो बार दौरे भी पड़ चुके हैं। नाचने में काफ़ी मेहनत पड़ती है, लेकिन कहावत है न कि कुत्तों के दल में रहो तो औरों की तरह भौंको चाहे न भौंको, लेकिन दुम तो हिलाते ही रहो। वैसे तो मेरा ख़याल है, मैं घोड़े की तरह मज़बूत हूँ। मेरे स्वर्गीय पिताजी, भगवान उनकी आत्मा को शान्ति दे, अक़सर मज़ाक़ में हमारी मूल-उत्पत्ति के बारे में कहा करते थे कि सिम्योनोव-पिश्चिक लोग उसी घोड़े के वंशज हैं जिसे कालीगुला ने अपनी सीनेट का मेम्बर बनाया था। (**बैठ जाता है**) लेकिन मुसीबत सारी यह है कि मेरे पास पैसा नहीं है। भूखी बिल्ली को ख़्वाब में छीछड़े ही दिखाई देते हैं। (**ख़र्राटे लेने लगता है, लेकिन फ़ौरन ही जाग पड़ता है**) यही हाल मेरा है...मेरे दिमाग़ में हर वक्त

पैसा ही घूमता रहता है।

त्रोफ़िमोव : सचमुच, तुम्हारी सूरत से टपकता तो कुछ-कुछ घोड़ापन ही है।

पिश्चिक : जनाब, घोड़ा बड़ा अच्छा जानवर होता है...कम-से-कम उसे बेचा तो जा सकता है।

[बगल वाले कमरे में बिलियर्ड खेले जाने की आवाज़। बड़े ड्राइंगरूम में जाने वाली महराब में वार्या दिखाई देती है]

त्रोफ़िमोव : **(चिढ़ते हुए)** श्रीमती लोपाख़िन, ऐऽ श्रीमती लोपाखिन!

वार्या : **(गुस्से से)** चुचके मुँह के!

त्रोफ़िमोव : हाँ मैं चुचके मुँह का हूँ। मुझे इस बात का गर्व है!

वार्या : **(सोचते हुए रुकावट से)** गाने वालों को हमने किराए पर बुला तो लिया, मगर उन्हें देने को क्या रखा है हमारे पास?

[चली जाती है]

त्रोफ़िमोव : **(पिश्चिक से)** सूद चुकाने के लिए पैसों का प्रबन्ध करने में तुमने ज़िन्दगी में जितनी शक्ति ख़र्च की है—अगर वही किसी और काम में लगाई होती तो तुम दुनिया पलट कर रख देते।

पिश्चिक : प्रचंड मेधावी विख्यात महापुरुष दार्शनिक नीत्शे ने अपनी रचनाओं में बताया है कि बैंक के जाली नोट बना लेने में कोई पाप नहीं है।

त्रोफ़िमोव : तुमने नीत्शे को पढ़ा है?

पिश्चिक : इससे क्या होता है? मुझे तो दान्शेका यह बात बता रही थी। अब तो अपनी हालत यह हो गई है कि शायद मैं भी बैंक के जाली नोट बनाने लगूँ। परसों मुझे 310 रूबल दे ही देने हैं। **(चौंककर जेबें देखता है)** ऐं, रुपये कहाँ गए? हाय-हाय! मेरे तो रुपये खो गए! **(आँखों में आँसू भरकर)** कहाँ गए मेरे रुपये? **(एकदम प्रसन्न होकर)** अरे, यह है तो सही, सीवन में चला गया था। उफ़ इसने तो मेरी जान ही खुश्क कर डाली थी।

[रैनिव्स्काया और शार्लोटा का प्रवेश]

रैनिव्स्काया : **('लेज्मिका', कज़्ज़ाकी नाच का, गाना गुनगुनाती है)** लियोनिद अभी तक लौटे क्यों नहीं? शहर में क्या कर रहे हैं अब तक **(दुन्याशा से)** गाने वालों को कुछ चाय-वाय दे दो न।

त्रोफ़िमोव : हो सकता है अभी तक नीलाम न हुआ हो।

रैनिव्स्काया : वैसे तो गाने-बजाने और नाचने-खेलने के लिए यह वक्त क़तई सही नहीं है। बहरहाल अब किया भी क्या जा सकता है?

[बैठकर धीरे-धीरे गुनगुनाती है]

शार्लोटा : **(पिश्चिक को ताशों की एक गड्डी देकर)** यह ताशों की एक गड्डी

है। कोई भी एक ताश मन में सोच लो।

पिश्चिक : सोच लिया।

शार्लोटा : अब ताशों को फेंट दो। ठीक, पिश्चिक महाशय, अब इन्हें इधर दो। एक-दो-तीन! अब ज़रा अपनी सामने वाली जेब में देखो।

पिश्चिक : **(अपनी सामने की जेब से एक ताश निकाल लेता है)** हुकुम का अट्ठा! बिल्कुल ठीक! **(आश्चर्य से)** भई वाह, बहुत खूब!

शार्लोटा : **(ताश की गड्डी अपनी हथेली पर रखकर त्रोफ़िमोव की ओर बढ़ाते हुए)** फुर्ती से बताइए तो सबसे ऊपर का ताश क्या है?

त्रोफ़िमोव : अच्छा देखूँ। हुकुम की बेग़म।

शार्लोटा : ठीक! **(पिश्चिक से)** अब सबसे ऊपर का ताश क्या है?

पिश्चिक : पान का इक्का।

शार्लोटा : ठीक **(ताली बजाती है और ताशों की गड्डी गायब हो जाती है)** आज का मौसम कैसा लुभावना है!

[जैसे धरती में से आ रही हो, ऐसी एक रहस्यमय जनानी आवाज़ उसकी बात का ज़वाब देती है–'हाँ देवी जी, सचमुच आज का मौसम बहुत अच्छा है']

शार्लोटा : तुम मेरी सुन्दरता की देवी हो।

आवाज़ : और देवी, तुम भी काफ़ी सुन्दर हो!

स्टेशन मास्टर : **(ताली बजाते हुए)** शाबाश! अपनी आवाज़ को तुमने खूब साधा है।

पिश्चिक : बहुत खूब, शार्लोटा आइवानोव्ना, मैं तो हज़ार जान से तुम पर लट्टू हो गया।

शार्लोटा : प्रेम? **(कन्धे झटककर)** यह मुँह और मसूर की दाल? तुम प्यार के लायक हो **(जर्मन कहावत दुहराता है)** "आदमी अच्छे हो सकते हो, लेकिन गायक बुरे हो।"

त्रोफ़िमोव : **(पिश्चिक के कन्धे पर हाथ मारकर)** वाह बुड्ढे घोड़े!

शार्लोटा : सावधान भाइयो! एक और खेल! **(एक कुर्सी से शॉल उठाकर)** यह एक बहुत बढ़िया शाल है मुझे इसे बेचना है! **(उसे हिलाते हुए)** है कोई खरीदार? कोई खरीदेगा?

पिश्चिक : वाह!

शार्लोटा : एक दो-तीन **(शॉल को फुर्ती से उठा लेती है! शॉल के नीचे से आन्या निकल पड़ती है। आन्या झुककर सबका अभिवादन करती है और अपनी माँ की ओर झपटती है। माँ का आलिंगन करके वह बड़े वाले ड्राइंगरूम के शोरगुल हँसी-मज़ाक में शामिल हो जाती है)**

रैनिव्स्काया : शाबाश! शाबाश! **(तालियाँ बजाती है)**

शार्लोटा : अच्छा फिर! एक दो-तीन....(**फिर कम्बल उठा लेती है। कम्बल के पीछे वार्या अभिवादन करती झुकी खड़ी है।**

पिश्चिक : (**अथाह आश्चर्य से**) वाह कमाल है। क्या कहना!

शार्लोटा : खेल खत्म। (**कम्बल को पिश्चिक के ऊपर फेंक देती है। सबका अभिवादन करती है और बड़े वाले ड्राइंगरूम में भाग जाती है**)

पिश्चिक : (**उसके पीछे भागते हुए**) अरे चुड़ैल। अजब लड़की है।

[चला जाता है]

रैनिव्स्काया : लियोनिद का अभी तक कोई अता-पता नहीं है। समझ में नहीं आता कि शहर में अब तक वह कर क्या रहे हैं? अरे, अब तक तो सब कुछ ख़त्म हो गया होगा। जायदाद बिक गई या आज नीलामी ही नहीं हुई—कुछ तो पता चले। हमें इतनी देर दुविधा में रखने की क्या ज़रूरत थी उन्हें?

वार्या : (**उसे ढाढ़स बँधाती हुई**) मामा ने ज़रूर उसे खरीद लिया होगा। मुझे पक्का विश्वास है।

त्रोफ़िमोव : (**व्यंग्य से**) हाँ-हाँ, ज़रूर ख़रीद लिया होगा!

वार्या : बड़ी मौसी ने मामा को अधिकार पत्र भेजा था कि वे जायदाद उनके नाम से ख़रीद लें और कर्ज़े को उनके नाम कर दें। यह सब वे आन्या के लिए कर रही हैं। मुझे विश्वास है, भगवान ज़रूर हमारी सहायता करेंगे। मामा उसे ज़रूर ख़रीद लेंगे।

रैनिव्स्काया : यारोस्लाव्ल वाली तुम्हारी मौसी ने पन्द्रह हज़ार रूबल भेजे हैं कि ज़ायदाद उनके नाम से ख़रीद ली जाए। उन्हें हमारा विश्वास नहीं है। लेकिन यह पैसा तो पिछला बक़ाया सूद चुकाने के लिए भी काफ़ी नहीं है। (**दोनों हाथों से मुँह ढँक लेती है**) आज मेरी क़िस्मत का फैसला हो रहा है...हाय मेरी क़िस्मत....।

त्रोफ़िमोव : (**वार्या को चिढ़ाता है**) श्रीमती लोपाख़िन।

वार्या : (**नाराज़ होकर**) अरे चिरन्तन विद्यार्थी। दो बार आप यूनिवर्सिटी से निकाले जा चुके हैं।

रैनिव्स्काया : वार्या, चिढ़ती क्यों हो? वह लोपाखिन को लेकर ही तो तुम्हें चिढ़ा रहे हैं। अरे, उसमें हुआ क्या? अगर मन हो तो लोपाख़िन से शादी कर डालो न। आदमी अच्छा है, दिलचस्प भी है। न मन हो, मत करो। बेटी कौन तुम्हारे ऊपर ज़ोर डाल रहा है?

वार्या : तुम्हें साफ़-साफ़ बता दूँ—अम्मा? मैं इस बात को ज़रा गम्भीरता से लेती हूँ। वे आदमी अच्छे, हैं, मुझे भी पसन्द हैं।

ल्युबोव : ठीक है, तो शादी कर डालो। मेरी समझ में नहीं आता, फिर क्यों देरी कर रही हो?

वार्या : अम्मा, मैं अपनी तरफ़ से तो उनसे नहीं कह सकती न। पिछले दो सालों से हर कोई मुझसे उन्हीं के बारे में बातें करता है—सबके सब। लेकिन वह या तो कुछ ज़वाब ही नहीं देते या मज़ाक में टाल देते हैं। मैं जानती हूँ इसका क्या मतलब है? वह धनी होते जा रहे हैं। अपने व्यापार में ही मस्त हैं। मेरे लिए उनके पास समय ही कहाँ है? काश, मेरे पास पैसा होता—चाहे सौ रूबल ही क्यों न होते—तब मैं सारे झंझटों को चूल्हे में फेंककर कहीं दूर भाग जाती! किसी संन्यास-आश्रम में चली जाती!

त्रोफ़िमोव : **(व्यंग्य से)** बड़ा मज़ा रहता।

वार्या : **(त्रोफ़िमोव से)** विद्यार्थियों में बात करने की तमीज़ होनी चाहिए। **(आँखों में आँसू भरकर बड़ी घुटी आवाज़ में)** पेत्या, तुम कैसे बदसूरत हो गए हो? एकदम बूढ़े दिखाई देने लगे हो। **(रोना बन्द करके रैनिव्स्काया से)** मगर अम्मा, बिना काम किए मुझसे रहा नहीं जाता! हर क्षण मुझे कुछ-न-कुछ करने को होना चाहिए।

[याशा का प्रवेश]

याशा : **(बड़ी मुश्किल से अपनी हँसी दबाकर)** ऐपिखोदोव ने बिलियर्ड खेलने का एक डंडा तोड़ डाला।

[चला जाता है]

वार्या : एपिखोदोव यहाँ क्यों आया? उससे बिलियर्ड छूने को किसने कहा था? मेरी समझ में इन लोगों का तरीक़ा ही नहीं आता।

[चली जाती है]

रैनिव्स्काया : पेत्या, इसे चिढ़ाया मत करो। वैसे ही उस बेचारी को क्या कम दुःख है!

त्रोफ़िमोव : लाट साहबी कितनी छाँटती है! चाहे इसका काम हो या न हो, सब में टाँग अड़ाना। गर्मी भर इसने मुझे और आन्या को चैन नहीं लेने दिया। इसे डर है कि हम लोग मुहब्बत न करने लगें। लेकिन उसके बाप का क्या जाता है? फिर मैंने कोई ऐसी बात भी तो नहीं की। ये ओछी और टुच्ची बातें मेरे लिए नहीं हैं—हम लोग मुहब्बत जैसी बातों से ऊपर हैं!

रैनिव्स्काया : तब तो मेरा ख्याल है कि मैं प्यार से बहुत नीची हूँ। **(बड़ी बेचैनी से)** लियोनिद अभी तक क्यों नहीं लौटे? हाय, मुझे बस इतना पता चल जाता कि जायदाद बिकी या नहीं। यह मुसीबत तो ऐसी अचानक टूटी है कि विश्वास नहीं होता! मेरे तो हाथ-पाँव फूले जा रहे हैं...दिमाग़ खराब हो गया है? हाय, मैं चीख़-चीख़कर रोने लगूँगी कोई-न-कोई बेवकूफ़ी कर डालूँगी...। पेत्या, मुझे बचाओ

...मुझे कुछ बताओ...मुझसे बातचीत करो न!

त्रोफ़िमोव : आज जायदाद बिके या न बिके इससे क्या फ़र्क पड़ता है? जो कुछ होना था वह तो न जाने कब का हो चुका। उसे लौटाया नहीं जा सकता—और कहीं कोई रास्ता बाक़ी नहीं बचा। रैनिव्स्कांया जी, जरा दिल को धीरज दीजिए...। क्यों अपने आप को धोखा देती हैं? ज़िन्दगी में एक बार तो सचाई का सामना कीजिए।

रैनिव्स्काया : कौन-सी सचाई? क्या सच है, क्या झूठ है, यह तुम्हीं देख सकते हो। मैं तो अन्धी हो गई हूँ, मुझे कुछ दिखाई नहीं देता...तुम तो हिम्मत से बड़ी-बड़ी समस्याओं को हल कर डालते हो, लेकिन भैया, सच बताना, क्या इसका कारण यह नहीं है कि तुम अभी जवान हो? अभी तक तुम्हें कष्टों और दुःखों के बीच रहते हुए अपनी कोई समस्या नहीं सुलझानी पड़ी है? शायद इसीलिए तुम हिम्मत से हर बात का सामना करने के तैयार हो जाते हो। इसकी वजह सिर्फ़ यही है कि जीवन का फैलाव अभी तुम्हारी अनुभवहीन आँखों के सामने आया नहीं है, इसलिए तुम्हें वहाँ न कोई ख़तरा दिखाई देता है न समस्या। तुम हम लोगों से ज्यादा ईमानदार, ज्यादा गम्भीर हो, लेकिन मेरे ऊपर ज़रा तो रहम करो—ज़रा तो खुले मन से मेरी हालत देखो। तुम्हें मालूम है, इसी जगह मेरा जन्म हुआ था? मेरे माँ-बाप यहीं रहते थे, दादा यहीं रहते थे—इसलिए मुझे इस घर से बेहद लगाव है। बिना चेरी के बग़ीचे के ज़िन्दा रहने की बात मेरे दिमाग़ में ही नहीं आती। अब सचमुच अगर यह सब बिक ही रहा है तो मुझे भगवान के लिए बगीचे के साथ ही बेच दो। **(त्रोफ़िमोव को बाँहों में भर उसका माथा चूमती है)** मेरा बेटा यहीं डूबा था। **(रोती है)** मेरे पेत्या, मेरे ऊपर दया करो...।

त्रोफ़िमोव : मेरे हृदय में आपके लिए क्या भावनाएँ हैं, आप जानती ही हैं।

रैनिव्स्काया : हाँ, सो तो ठीक है, लेकिन तुम्हें यह दूसरी तरह कहना चाहिए था। **(अपना रूमाल निकालती है। एक तार फ़र्श पर गिर पड़ता है)** आज मेरा दिल कैसा भारी-भारी है, तुम नहीं सोच सकते। उफ़, यहाँ कितना शोर है। हर आवाज़ से मेरे प्राण थर्रा उठते हैं। देखो मैं काँप रही हूँ, लेकिन मुझसे अकेले भी नहीं रहा जा सकता। एकान्त और सन्नाटे से मुझे डर लगता है।...पेत्या, ऐसे क्रूर मत बनो...मैंने तुम्हें बिल्कुल बेटे की तरह प्यार किया है। मैं खुशी-खुशी आन्या से तुम्हारी शादी कर दूँगी।...कसम से कहती हूँ। लेकिन भैया, जैसे भी हो, तुम्हें अपनी डिग्री ले लेनी चाहिए। आजकलतो

तुम कुछ काम-धाम भी नहीं करते। बस इधर-से-उधर भटकते फिरते हो। यह कितना अजीब-अजीब लगता है—अच्छा, नहीं लगता? जैसे भी बने, अपनी इस दाढ़ी को भी ज़रा ढंग से रखने की कोशिश करो...**(हँसती है)** एकदम उल्लू दिखाई देते हो।

त्रोफ़िमोव : **(तार को धरती से उठा लेता है)** मुझे कामदेव जैसा सुन्दर बनने का कोई शौक नहीं है।

रैनिव्स्काया : यह पेरिस का तार है। रोज़ एक तार आता है। एक कल आया था, एक आज। वह जंगली फिर बीमार हो गया है, फिर उस पर मुसीबत टूट पड़ी है। माफ़ी माँगता है, बुलाने के लिए खुशामद करता है। सच, मेरा मन होता है, उसे देखने पेरिस चली जाऊँ। तुम मुझे ऐसे घूर-घूर कर क्यों देख रहे हो? बताओ बेटा, मैं क्या करूँ? वह बीमार है, अकेला है और बेचारा दुःखी भी है। कौन उसकी देखभाल करता होगा? कौन उसे उल्टा-सीधा करने से रोकता होगा? कौन उसे ठीक वक्त पर दवा देता होगा? कब तक छिपाऊँ और भीतर-ही-भीतर घुटती रहूँ? सबको पता है कि मैं उसे कितना प्यार करती हूँ। जानती हूँ वह मेरे गले पड़ा पत्थर है—मुझे रसातल में पहुँचा देगा। लेकिन मैं उस पत्थर को प्यार करती हूँ ...उसके बिना रह नहीं सकती **(त्रोफ़िमोव का हाथ दबाती है)** मेरे बारे में बुरा मत सोचना। पेत्या...मुझसे कुछ मत कहो...अब कुछ मत बोलो!

त्रोफ़िमोव : **(रुंधे गले से)** भगवान के लिए, बदतमीज़ी माफ़ कीजिए, मगर उसी कम्बख़्त ने तो आपको लूट लिया है।

[कान बन्द कर लेती है]

रैनिव्स्काया : नहीं...नहीं...नहीं...तुम यह सब मत बोलो।

त्रोफ़िमोव : वह पक्का गुंडा है। सिर्फ़ आप ही ऐसी हैं जो उसके बारे में कुछ नहीं जानतीं। अरे, वह एकदम निकम्मा, नीच, जलील और टुच्चा आदमी है।

रैनिव्स्काया : **(क्रुद्ध हो जाती है। लेकिन वाणी को संयत करके बोलती है)** तुम छब्बीस-सत्ताईस साल के होने आए, मगर अभी भी स्कूली लड़कों जैसी बातें करते हो!

त्रोफ़िमोव : हो सकता है!

रैनिव्स्काया : अरे अब तो आदमी बनो। प्यार की पीड़ा को समझो! तुम्हें तो खुद किसी के प्यार में डूबे होना चाहिए था। **(गुस्से से)** हाँ-हाँ यह सब तुम्हारे हृदय की पवित्रता नहीं—शेखी है...शेखी! तुम एकदम काठ के उल्लू हो! नीच!

त्रोफ़िमोव : **(घबराकर)** कोई इनकी बातें सुने...!

रैनिव्स्काया : हुँह, मैं तो प्यार से ऊपर हूँ! तुम प्यार-व्यार से ऊपर नहीं बल्कि जैसा हमारा फ़ीर्स कहता है—तुम किसी लायक नहीं हो, नालायक हो! वर्ना तुम्हारी जैसी उम्र में भी किसी की कोई प्रेमिका न हो।

त्रोफ़िमोव : **(भीत स्वर में)** उफ़, हद हो गई! यह सब क्या कहे जा रही हैं आप? **(अपना सिर थामकर बड़े ड्राइंगरूम में चला जाता है)** हद हो गई। मैं यह सब नहीं सह सकता! जा रहा हूँ। **(चला जाता है, मगर फिर पलट पड़ता है और भीतर की ओर चला जाता है)**

रैनिव्स्काया : **(उसके पीछे-पीछे पुकारती है)** पेत्या, एक मिनट सुनो तो। बेवकूफ़ी मत करो। मैं तो मज़ाक कर रही थी, पेत्या!

[किसी के सीढ़ी से उतरते हुए तेज़ी से दौड़ने की आवाज़—अचानक जैसे कोई लड़खड़ाकर गिर पड़ता है। आन्या और वार्या चीख़ पड़ती हैं। लेकिन फ़ौरन ही हँसने की आवाजें]

रैनिव्स्काया : क्या हो गया?

[आन्या दौड़कर आती है]

आन्या : **(हँसते हुए)** पेत्या सीढ़ियों से लुढ़क पड़े।

[फिर भाग जाती है]

रैनिव्स्काया : यह पेत्या भी कैसा अजीब आदमी है?

[बड़े कमरे के बीचोंबीच खड़े होकर स्टेशन-मास्टर अलैक्सी टॉल्सटॉय की कविता 'पापी' पढ़ रहा है। सब लोग सुन रहे हैं। लेकिन कुछ लाइनें ही पढ़ पाता है कि गलियारे से वॉल्ज़ की धुन आती है और पढ़ना रुक जाता है। सब नाचने लगते हैं। त्रोफ़िमोव, आन्या, वार्या और रैनिव्स्काया भीतर के कमरे में निकल-निकलकर बाहर आ जाते हैं]

रैनिव्स्काया : आओ, पेत्या, आओ। तुम बड़े भोले हो। मैं तुमसे माफ़ी माँगती हूँ। आओ नाचें।

[पेत्या के साथ नाचती है। आन्या और वार्या भी नाचती हैं। फ़ीर्स का प्रवेश। अपनी बेंत बगल के दरवाज़े के पास धरती पर रख देता है। याशा भी बैठक में आकर नाच देखने लगता है।]

याशा : क्या बात है बाबा?

फ़ीर्स : मुझे तो यह सब अच्छा नहीं लग रहा। पुराने जमाने में हम लोगों के बॉल-डांस में जनरल, एडमिरल और नवाब लोग होते थे। और आज हम लोग पोस्ट-ऑफ़िस के क्लर्कों और स्टेशनमास्टरों को बुलाते हैं—सो आने में उनके भी बीस नख़रे होते हैं। मुझे तो

कँपकँपी चढ़ रही है। इनके दादा, बड़े मालिक ऐसी सब तकलीफ़ों और दर्द में मुहर लगाने की लाख दिया करते थे। सो बीस साल या इससे भी ज़्यादा दिनों से मैं वही लाख लगा रहा हूँ। शायद उसी ने मुझे अभी तक बचाए रखा है।

याशा : बाबा, तुम भी एक मुसीबत हो **(जँभाई लेकर)** अब तो अपना डेरा-डंडा उठा लो।

फ़ीर्स : अरे, नालायक़ भाग!

[बड़बड़ाता है]

[त्रोफ़िमोव और रैनिव्स्काया बड़े कमरे में नाचते हुए स्टेज पर सामने की ओर आ जाते हैं]

रैनिव्स्काया : बस करो, मैं अब ज़रा बैठूँगी **(बैठ जाती है)** थक गई।

[आन्या का प्रवेश]

आन्या : **(आवेश से)** रसोई में कोई आया था, वह कहता था कि चेरी का बगीचा आज बिक गया।

रैनिव्स्काया : बिक गया? किसको?

आन्या : यह उसने नहीं बताया कि किसे। वह तो चला भी गया।

[वह त्रोफ़िमोव के साथ नाचती है। ये लोग बड़े कमरे में चले जाते हैं]

याशा : आज कोई बुड्ढा बैठा कुछ बक तो रहा था। कोई नया ही आदमी था।

फ़ीर्स : लियोनिद एन्द्रीएविच अभी तक नहीं लौटे। उन्होंने सिर्फ़ हल्का वाला ओवरकोट पहन रखा है। आज जरूर उन्हें ठंड लग जाएगी। हाय, कैसे बुद्धू बच्चे हैं।

रैनिव्स्काया : मुझे तो ऐसा लग रहा है जैसे आज मैं मर जाऊँगी। याशा, ज़रा जल्दी जाकर पता तो लगा, बगीचा किसको बिका गया?

याशा : लेकिन वह बुड्ढा तो बहुत पहले चला गया। **(हँसता है)**

रैनिव्स्काया : **(झुँझलाकर)** तुझे हँसी किस बात पर आ रही है? बता...किस बात पर तू इतना खुश है?

याशा : एपिखोदोव भी गज़ब करते हैं। 'बाईस आफ़त' बिल्कुल काठ का उल्लू है।

रैनिव्स्काया : अगर ज़ायदाद बिक गई फ़ीर्स बाबा, तो तुम कहाँ जाओगे?

फ़ीर्स : जहाँ तुम कहोगी।

रैनिव्स्काया : तुम ऐसे क्यों दिखाई दे रहे हो? बीमार हो क्या? जाकर आराम करो न।

फ़ीर्स : अरे, हाँ-हाँ **(व्यंग से)** ठीक है, मैं तो जाकर आराम करूँ और यहाँ

बैठकर लियोनिद की राह कौन देखे? मेरे बिना सारे कामों को कौन देखेगा? घर भर में मैं ही तो एक ऐसा आदमी हूँ।

याशा : **(रैनिव्स्काया से)** ल्युबोल आन्द्रिएव्ना, आप अगर आज्ञा दें तो आपसे एक प्रार्थना है। इस बार आप पेरिस जाएँ तो मुझे भी साथ लेती चलिए। सच कहता हूँ मुझसे यहाँ रहा नहीं जाएगा। **(चारों तरफ देखकर धीमे स्वर में)** अब ज़्यादा कहने से क्या फ़ायदा, आप तो खुद ही जानती हैं, यह गँवारों-जाहिलों का देश है। लोगों में ज़रा भी नैतिकता नहीं है। चारों तरफ़ बस जहालत भरी है। रसोई में खाना तक तो ऐसा है कि उबकाई आए। और फिर दुनिया भर की गन्दी बातें बकता हुआ यह फ़ीर्स का बच्चा सबकी जान के पीछे लगा रहता है। मुझे अपने साथ ले चलिए, ज़रूर लेती चलिए।

[**पिश्चिक का प्रवेश**]

पिश्चिक : ''वाल्या'' (नाच) में चलेंगी क्या? **(रैनिव्स्काया उसके साथ जाती है)** रैनिव्स्काया जी, 180 रूबल तो मुझे आपसे उधार चाहिए ही **(नाचते हुए)** जी हाँ बस 180 रूबल। **(वे लोग बड़े कमरे में चले जाते हैं)**

याशा : **(धीरे-धीरे गुनगुनाता है)** 'कभी होगी तुझे मालूम, मेरे दिल की हालत भी'?

[**बड़े ड्राइंगरूम में चारखाने की पैंट और टोप पहने कोई खूब उछलता-कूदता है। फिर चिल्लाने लगता है–शाबाश, शार्लोटा आइवानेव्ना, शाबाश!**]

दुन्याशा : **(पाउडर लगाने के लिए रुक जाती है)** मालकिन ने मुझसे कहा है कि यहाँ आकर नाचो। यहाँ पुरुष तो काफ़ी हैं; महिलाएँ कम पड़ रही हैं। मगर नाचने से मेरे सिर में चक्कर आने और दिल धड़कने लगता है। फ़ीर्स बाबा, अभी-अभी पोस्ट ऑफ़िस क्लर्क ने मुझसे ऐसी बात कही कि मेरी तो जान ही सूख गई।

[**संगीत धीरे-धीरे डूबता जाता है**]

फ़ीर्स : क्या कहा उसने?

दुन्याशा : बोला–तुम फूल जैसी हो।

याशा : **(जँभाई लेता है)** उँह, एकदम मूर्ख है।

[**चला जाता है**]

दुन्याशा : फूल जैसी! अरे मैं मालकिनों जैसी नाजुक भावनाओं वाली लड़की हूँ। ये मधुर-मधुर बातें मुझे बड़ी अच्छी लगती हैं।

फ़ीर्स : अब तेरे भी दिन आ गए।

[**ऐपिखोदोव का प्रवेश**]

ऐपिखोदोव : दुन्याशा, तुम्हें मुझसे मिलकर खुशी नहीं होती न? मैं क्या साँप-बिच्छू हूँ? **(गहरी साँस लेकर)** हाय री, ज़िन्दगी...।

दुन्याशा : क्या चाहते हो तुम?

ऐपिखोदोव : बेशक! बात शायद ठीक ही कहती हो। **(गहरी साँस लेकर)** मगर मैं एक बात साफ़-साफ़ पूछता हूँ, ज़रा मेरी तरफ से बात को समझने की कोशिश करो। कड़वी बात कहने के लिए माफ़ करना—तुम्हीं ने मेरे दिमाग़ की यह हालत कर दी है। मैं तो अपनी किस्मत को अच्छी तरह समझता हूँ। मुझ पर रोज़ कोई-न-कोई मुसीबत टूटती है। मुझे तो न जाने कब का इस सबका अभ्यास हो चुका है। अब तो हँस-हँसकर किस्मत का सामना करता हूँ। मगर तुम्हीं ने मुझे विश्वास दिलाया था...हालाँकि मैं...।

दुन्याशा : तुम्हारे हाथ जोड़ती हूँ, इस बारे में हम लोग फिर बातें करेंगे। तुम बस, मेरी जान छोड़ दो। इस वक्त मैं सपनों में डूबी हुई हूँ...।

[अपने पंखे से खेलती है]

ऐपिखोदोव : रोज़ एक-न-एक मुसीबत मुझ पर आती ही रहती है—और शायद मैं कहूँ कि मैं उन पर मुस्कराता हूँ! कभी-कभी दिल खोलकर हँसता हूँ!

[बड़े वाले ड्राइंगरूम से वार्या प्रवेश करती है]

वार्या : ऐपिखोदोव, तुम अभी तक नहीं गए? सचमुच, कुछ भी कहते रहो, तुम्हारे ऊपर कोई असर नहीं होता **(दुन्याशा से)** दुन्याशा, तुम भी भागो यहाँ से! **(ऐपिखोदोव से)** पहले तुमने बिलियर्ड खेला सो उसका डंडा तोड़ डाला और अब मेहमान की तरह ड्राइंगरूम में इधर-से-उधर घूम रहे हो।

ऐपिखोदोव : मैं कहता हूँ, मुझसे यह सब सफाई माँगने का तुम्हें कोई हक़ नहीं है।

वार्या : तुमसे सफ़ाई नहीं माँग रही—सिर्फ़ एक बात कह रही हूँ। तुम अपना काम-धाम तो कुछ देखते नहीं, इधर-से-उधर मटरगश्ती करते रहते हो। हमने तुम्हें मुनीम बनाकर रखा, लेकिन भगवान जाने तुम्हारा फ़ायदा क्या है।

ऐपिखोदोव : **(बुरा मान जाता है)** मैं काम करूँ या घूमूँ, बिलियर्ड खेलूँ या खाऊँ—यह सब मुझसे बड़े और समझदार लोगों के जानने की बातें हैं।

वार्या : तू मुझे जवाब देता है। **(क्रोध से भड़क उठती है)** तेरी यह मजाल? तेरा मतलब कि मैं समझदार नहीं हूँ? चल भाग यहाँ से! अभी इसी मिनट भाग!

ऐपिखोदोव : **(डाँटकर)** मैं कहता हूँ, ज़रा जबान सम्हालकार बोलो।

वार्या : **(आपे से बाहर होकर गुस्से से)** अभी चले जाओ! भागो! **(वह दरवाजे की ओर जाता है। वार्या पीछे-पीछे जाती है)** बाईस आफ़त! सम्भाल अपना बोरिया-बिस्तर! खबरदार जो अब कभी मेरी आँखों के आगे आया **(ऐपिखोदोव चला जाता है। नेपथ्य से उसकी आवाज़ आती है–'मैं तुम्हारी शिकायत करूँगा')**–क्या? फिर लौट आया **(दरवाज़े के पास फ़ीर्स ने जो छड़ी रखी थी उसे झपटकर उठा लेती है)** आ! आ!–तुझे बताती हूँ। फिर लौटा? तो ले....**(वह ज़ोर से छढ़ी घुमाती है। उसी क्षण लोपाख़िन प्रवेश करता है।)**

लोपाख़िन : बहुत-बहुत शुक्रिया आपका।

वार्या : **(क्रोध और व्यंग से)** मैं माफ़ी चाहती हूँ।

लोपाख़िन : कोई ज़रूरत नहीं। आपके इस हार्दिक स्वागत के लिए मैं कृतज्ञ हूँ।

वार्या : इसमें कृतज्ञता की तो कोई बात नहीं है **(चलते हुए चारों ओर देखकर मृदु स्वर में)** आपको चोट तो नहीं लग गई?

लोपाख़िन : अरे नहीं...नहीं, कोई खास नहीं। बस, बत्तख़ के अंडे जैसा यह गोला उभर आया है।

[बालरूम से आवाज़ें आती हैं–'लोपाख़िन हैं क्या? यार्मोलाय अलैक्सीएविच्।']

पिश्चिक : ज़रा इन्हें भी तो देखूँ सही, सूनूँ तो सही। **(लोपाख़िन का चुम्बन लेता है)** आज तो तुम्हारे ऊपर से फ्रैंच ब्राण्डी की खुशबू उड़ रही है। यहाँ हम भी ज़रा मौज-मज़ा कर रहे हैं।

[रैनिव्स्काया का प्रवेश]

रैनिव्स्काया : अरे, लोपाख़िन, तुम हो क्या? इतना समय क्यों लगाया तुमने? लियोनिद कहाँ हैं?

लोपाख़िन : लियोनिद एन्ड्रिएविच आए तो मेरे साथ-साथ ही हैं। अभी आते होंगे।

रैनिव्स्काया : **(उद्वेग से)** अच्छा, अच्छा! बगीचा बिक गया क्या? बोलो?

लोपाख़िन : **(पशोपेश में पड़ जाता है कि कहीं आन्तरिक आह्लाद प्रकट न हो जाए)** बिक्री चार बजे ख़त्म हो गई थी। हमारी गाड़ी छूट गई, सो साढ़े-नौ बजे तक राह देखनी पड़ी **(गहरी साँस लेकर)** उफ़! मुझे तो कुछ-कुछ चक्कर-सा आ रहा है।

[गायेव का प्रवेश। दाहिने हाथ में खरीदी हुई चीज़ें हैं, और बाएँ हाथ से आँसू पोंछता जाता है।]

रैनिव्स्काया : क्यों लियोनिद? क्या ख़बर है? **(रोते हुए अधीरता से)** भगवान् के

लिए जल्दी बोलो।

गायेव : **(कोई जवाब नहीं देता। सिर्फ़ हाथ झटकारकर रह जाता है। रोते हुए फ़ीर्स से)** लो, इन्हें ले लो। ऐंचोवी और कर्च मछलियाँ हैं। आज मैंने सारे दिन कुछ नहीं खाया। उफ़, आज का दिन भी कैसा मनहूस बीता है।

[बिलियर्ड खेलने के कमरे का दरवाज़ा खुला है। वहाँ से गेंदों के खटकने और याशा के बोलने की आवाज़ें आ रही हैं। याशा कह रहा है–'सत्तासी'। गायेव के चेहरे के भाव बदल जाते हैं और वह रोना भूल जाता है] मैं तो थककर चूर-चूर हो गया हूँ। फ़ीर्स, ज़रा आकर मेरे कपड़े बदलवाना, भैया।

[बड़े ड्राइंगरूम को पार करके अपने कमरे में चला जाता है।]

पिश्चिक : बिकने का क्या हुआ? बोलो, बताओ न?

रैनिव्स्काया : चेरी का बगीचा बिक गया?

लोपाख़िन : जी हाँ, बिक गया।

रैनिव्स्काया : किसने खरीदा?

लोपाख़िन : मैंने!

[कुछ देर चुप्पी। रैनिव्स्काया के जैसे प्राण निकल जाते हैं। कुर्सी और मेज़ के सहारे न खड़ी होती तो शायद गिर ही पड़ती]

[वार्या अपनी पेटी से चाबियों का गुच्छा निकालकर बीच फर्श पर फेंक देती है और चली जाती है]

लोपाख़िन : मैंने उसे खरीद लिया। भाइयो और बहनो, हाथ जोड़ता हूँ, एक मिनट आप लोग ठहरें। मेरा सिर चकरा रहा है। मुझसे बोला नहीं जा रहा है **(हँस पड़ता है)** हम लोग नीलाम में पहुँचे। दैरिगानोव वहाँ पहले से ही डेरा डाले था। लियोनिद एन्द्रिएविच के पास तो कुल 15 हज़ार रूबल थे और दैरिगानोव ने बकाया के अलावा सीधी बोली दी 30 हज़ार की। खैर, मैं इनकी मदद को आगे बढ़ा। मैंने उसके खिलाफ़ बोली दी। मैं चालीस हज़ार बोला तो, वह पैंतालीस हज़ार बोल दिया। मैंने पचपन बोले तो वह भी पाँच हज़ार बढ़ाकर बोला–मैंने भी दस हज़ार बढ़ाए...बहरहाल...बात ख़त्म हुई। मैंने गिरवी के ऊपर 90 हज़ार बोले। बोली मेरे नाम रही। अब चेरी का बगीचा मेरा है–मेरा! **(हँसता है)** हे भगवान्, चेरी के बगीचे का मालिक मैं हूँ। अरे, कोई मुझसे कहो कि मैं नशे में हूँ, मैं पागल हो गया हूँ–यह सब सपना है? **(ज़मीन पर पाँव पटकता है)** मेरी बात पर हँसो मत! काश, मेरे बाप और दादा कब्रों से उठकर आज देखते कि क्या हो गया है! कैसे यार्मोलाय ने, उसी

बुद्धू और पिटने वाले यार्मोलाय ने, जो भरे जाड़ों में नंगे पाँव भागा-भागा फिरता था— उसी यार्मोलाय ने, दुनिया के सबसे अच्छे बग़ीचे को खरीद लिया है। आज मैंने उस सारी ज़ायदाद को खरीद लिया है—जहाँ मेरे बाप-दादे गुलाम थे और उन्हें रसोई-घर में घुसने तक की इजाज़त नहीं थी। मैं नींद में हूँ...? यह सब सपना है? यह सब कल्पना है? अज्ञान के अन्धकार में डूबी बुद्धि का शेखचिल्लीपना है **(आनन्द से मुस्कराते हुए चाबियाँ उठा लेता है)** वार्या चाबियाँ फेंक गई है। वह दिखाना चाहती है कि अब वह घर की मालकिन नहीं है! **(चाबियाँ बजाता है)** ख़ैर, कोई बात नहीं। **(राग साधता हुआ आर्केस्ट्रा सुनाई देता है)** अरे, बाजे वालो, बजाओ-बजाओ। मैं तुम्हारा गाना सुनना चाहता हूँ। तुम सब लोग आकर देखना, कैसे यार्मोलाय लोपाख़िन कुल्हाड़ी लेकर चेरी के बग़ीचे में जाता है, कैसे पेड़ कट-कटकर धरती पर गिरते हैं। हम यहाँ घर बनाएँगे हमारे पोते-पड़पोते वहाँ एक नई ज़िन्दगी उभरती पाएँगे। बाजे वालो...बजाओ-बजाओ।

[संगीत शुरू हो जाता है। रैनिव्स्काया कुर्सी पर सिर झुकाए बैठी फूट-फूट कर रो रही है]

लोपाख़िन : **(झिझकते हुए)** क्यों...? तब क्यों मेरी बात नहीं मानी थी? रैनिव्स्काया जी, अब तो आप इसे वापिस पा नहीं सकतीं। **(रोते हुए)** उफ़, काश यह सब कुछ न होता! हमारी यह उखड़ी-बिगड़ी हुई ज़िन्दगी किसी तरह पलक मारते ही सपने की तरह बदल जाती।

पिश्चिक : **(उसकी बाँह पकड़कर एक ओर जाते हुए धीरे से)** यह तो रो रही हैं। आओ, हम लोग ड्राइंगरूम में चलें। इन्हें इसी जगह अकेला छोड़ दें...आओ।

[बाँह पकड़कर उसे बड़े ड्राइंगरूम में ले जाता है]

लोपाख़िन : क्या हुआ? बाजे वालो, बजाओ-बजाओ। मैं जो कहूँ—वही होगा **(व्यंग्य से)** नया मालिक, चेरी के बगीचे का नया स्वामी आ रहा है **(अचानक एक छोटी-सी मेज़ से जा टकराता है। झाड़ गिरते-गिरते बचता है)** मैं हर चीज़ की कीमत चुका दूँगा।

[पिश्चिक के साथ चला जाता है। रैनिव्स्काया के सिवा बड़े ड्राइंगरूम में कोई नहीं है। वह मरी-सी बैठी फूट-फूट कर रो रही है। संगीत धीरे-धीरे बज रहा है। तेज़ी से आन्या और त्रोफ़िमोव का प्रवेश। आन्या माँ के पास जाकर उसके घुटनों पर गिर पड़ती है। त्रोफ़िमोव बड़े ड्राइंगरूम के दरवाजे पर खड़ा है]

आन्या : अम्मा! अम्मा तुम रो रही हो...? अम्मा, मेरी अच्छी अम्मा! अम्मा तुम मेरी हो...मैं तुम्हारे हाथ जोड़ती हूँ...चेरी का बगीचा बिक गया ...चला गया...सच है...सच है, पर अम्मा रोओ मत! अभी तो तुम्हारे पास निश्छल और सुन्दर हृदय है...आओ चलें, यहाँ से कहीं बहुत दूर चले चलें अम्मा। चलकर हम लोग कहीं एक नया बगीचा बनाएँगे...इससे अच्छा...इससे शानदार...तुम खुद देख लेना...धीरे-धीरे अपने आप तुम्हारी समझ में सब कुछ आ जाएगा...साँझ के डूबते सूरज की तरह एक आह्लाद...शान्ति...एक गहरी प्रसन्नता तुम्हारी आत्मा में समा जाएगी...और अम्मा, तब तुम आनन्द से खिलखिलाकर हँस पड़ोगी...। आओ अम्मा, चलो चलें...।

[पर्दा गिरता है]

अंक चार

[अंक एक का ही दृश्य, मगर न तो जँगलों पर परदे हैं न दीवारों पर तस्वीर। सिर्फ़ एक कोने में थोड़ा-सा फ़र्नीचर एक-दूसरे के ऊपर ढेर बना रखा है–जैसे बिकने के लिए रखा हो। चारों तरफ़ एक ख़ाली-ख़ालीपन का भाव-सा व्याप्त है। बाहर के दरवाज़े और पृष्ठभूमि के दृश्य में यात्रा के लिए बँधे हुए बिस्तर, बक्से इत्यादि रखे हैं बाईं तरफ़ दरवाज़ा खुला है, और वहाँ से आन्या और वार्या की आवाज़ें सुनाई दे रही हैं। लोपाख़िन प्रतीक्षा करता खड़ा है। याशा शैम्पेन के गिलासों से भरी ट्रे लिए हुए है। बगल वाले कमरे में एपिखोदोव एक बक्सा बाँध रहा है। नेपथ्य से विदा करने आए हुए किसानों से बातचीत करने की भनभनाहटें आ रही हैं–गायेव का स्वर सुनाई देता है–"शुक्रिया, भाइयो शुक्रिया!"]

याशा : किसान लोग विदा करने आए हैं। यार्मोलाय अलैक्सीएविच, मैं समझता हूँ ये किसान लोग बहुत अच्छे स्वभाव के होते हैं। बेचारे दिल के बड़े भोले होते हैं।

[नेपथ्य की आवाज़ें समाप्त हो जाती हैं। बगल के कमरे से रैनिव्स्काया और गायेव का प्रवेश। रैनिव्स्काया रो तो नहीं रही, लेकिन बहुत ही मुर्दा और कमज़ोर है। उसके होंठ काँप रहे हैं, वह बोल नहीं पाती]

गायेव : ल्यूबा, तुमने उन्हें अपना पर्स ही उठाकर दे दिया! ऐसे कैसे चलेगा...?

रैनिव्स्काया : भाई, मैं आख़िर करती भी तो क्या करती? मुझसे रहा नहीं गया...!

[दोनों चले जाते हैं]

लोपाख़िन : **(दरवाज़े में उसके पीछे से पुकारता है)** चलते वक्त आप लोग विदाई का एक-एक गिलास पीएँगे? पी लीजिए न? शहर से मँगा लेने का मुझे ध्यान नहीं रहा और स्टेशन पर सिर्फ़ एक ही बोतल मिली। बस, एक-एक गिलास ले लीजिए। **(कुछ देर चुप रहकर)**

क्या कहा? आपको किसी गिलास-विलास की जरूरत नहीं है? **(दरवाज़े से सामने की ओर आता है)** अगर यह पहले पता होता तो मैं इसे ख़रीदता ही क्यों? अच्छी बात है। मैं भी नहीं पियूँगा। **(याशा सावधानी से एक कुर्सी पर ट्रे रख देता है)** याशा, एक गिलास तू ही ले ले।

याशा : **(पीता है)** तो यह हमारी विदाई का है। पीछे ठहरने वालों का भगवान् भला करे...मैं शर्त बदता हूँ, यह असली शैम्पेन नहीं है।

लोपाख़िन : अबे, एक बोतल 18 रूबल की पड़ी है। **(कुछ देर चुप रहकर)** यहाँ तो बड़ी भयंकर सर्दी है।

याशा : इन लोगों ने आज अँगीठी ही नहीं जलाई। ख़ैर...हमारे लिए तो जली-न-जली बराबर है। हम तो जा ही रहे हैं।

[हँसता है]

लोपाख़िन : तू क्यों हँसता है?

याशा : खुशी के मारे।

लोपाख़िन : अक्तूबर आ चुका है। फिर भी मौसम कैसा घुटा-घुटा-सा है। धूप तो ऐसी है, जैसे गर्मी हो। बँगले बनवाने का एकदम सही समय यही है। **(अपनी घड़ी देखते हुए दरवाज़े की ओर मुँह करके कहता है)** भाइयो और बहनो, सुन लीजिए, सैंतालीस मिनट बाद गाड़ी छूट जाएगी। इसलिए आप लोगों को बीस मिनट में ही स्टेशन के लिए चल देना चाहिए।

[एक ग्रेट-कोट पहने त्रोफ़िमोव दरवाज़े से निकलकर बाहर आता है]

त्रोफ़िमोव : मैं समझता हूँ, चल देने का समय हो गया। घोड़े तैयार हैं। मेरे बरसाती जूतों को कौन खा गया? कहाँ खो गए? **(दरवाज़े की ओर मुँह करके)** आन्या, यहाँ तो मेरे बरसाती जूते नहीं हैं। मुझे तो मिल नहीं रहे।

लोपाख़िन : मुझे भी खार्कोव जाना है। आपके साथ वाली गाड़ी से ही तो चल रहा हूँ। जाड़े भर मैं खार्कोव में रहूँगा। आप लोगों के साथ गप्पों में यहाँ समय बरबाद करता रहा। करने को कुछ था नहीं, इसलिए जी ऊब गया था। बिना काम किए मुझसे रहा नहीं जाता। करने को कुछ न हो तो लगता है, अपने इन हाथों का क्या करूँ? बेकार वे इस तरह झूलते-लटके रहते हैं जैसे मेरे न होकर किसी और के हों।

त्रोफ़िमोव : तो ठीक है, हम तो जा ही जा रहे हैं। तुम अपना यह मुनाफ़े वाला काम फिर शुरू कर दो।

लोपाख़िन : एक गिलास पी लो न।

त्रोफ़िमोव : नहीं...धन्यवाद।

लोपाख़िन : तो अब तुम मॉस्को ही जाओगे?

त्रोफ़िमोव : हाँ...शहर तक तो मैं इन लोगों को ही छोड़ने जाऊँगा। फिर कल मॉस्को चला जाऊँगा।

लोपाख़िन : हाँ, सो ही तो मैंने कहा। वहाँ प्रोफ़ेसर लोग बैठे तुम्हारी राह देख रहे हैं। तुम्हारी राह में अभी तक उन्होंने लैक्चर भी शुरू नहीं किया।

त्रोफ़िमोव : यह सब तुम्हारे मतलब की बातें नहीं हैं।

लोपाख़िन : कितने साल हो गए तुम्हें यूनिवर्सिटी में?

त्रोफ़िमोव : अरे, इसके अलावा भी अब कोई नई बात सोचो। यह सब मज़ाक बहुत घिस-पिट गया है (**बरसाती जूतों को खोजता है**) देखो, शायद हम लोग अब एक-दूसरे से कभी नहीं मिलेंगे। इसलिए विदा होते समय मेरी एक सलाह मान लो। अपने यह हाथ इधर-उधर फेंकना बन्द करो और इस लत से पीछा छुड़ाओ। और दूसरी बात—बँगले बनाना और फिर यह हिसाब लगाना कि गर्मियों में घूमने वाले लोग कुछ समय बाद खुदकाश्त करने लगेंगे—ये सब शेखचिल्लीपना भी हाथ फटकारने जैसी ही बुरी आदत है। बहरहाल, तुम आदमी मुझे बहुत पसन्द हो....कलाकारों जैसी नाजुक-नाजुक उँगलियाँ हैं, कैसी सरल और कोमल तुम्हारी आत्मा है।

लोपाख़िन : (**उसको बाँहों में भर लेता है**) नमस्कार दोस्त, नमस्कार! इन बातों के लिए शुक्रिया। अगर ज़रूरत हो तो सफ़र के लिए कुछ पैसे दे दूँ।

त्रोफ़िमोव : किसलिए? मुझे कोई ज़रूरत नहीं है।

लोपाख़िन : अरे, तुम्हारे पास एक कौड़ी भी तो है नहीं।

त्रोफ़िमोव : धन्यवाद! मेरे पास पैसा है। अनुवाद करने से कुछ पैसा मिल गया था। यह रहा मेरी जेब में। (**आतुरता से**) लेकिन मेरे बरसाती जूते कहाँ गए?

वार्या : (**दूसरे कमरे में**) ये कम्बख़्त यहाँ रखे हैं!

[मंच पर बरसाती जूतों का जोड़ा फेंक देती है]

त्रोफ़िमोव : वार्या, ऐसी क्यों झुँझला रही हो?...एँ?...मगर यह जूते मेरे तो नहीं हैं।

लोपाख़िन : वसन्त के समय मैंने तीन हज़ार एकड़ ज़मीन में पोस्ता बोया था और अब चालीस हज़ार मुनाफ़ा कमा लिया। जब मेरे पोस्तों में फूल लगे थे—तब कैसा सुन्दर दृश्य था? तो मेरा कहना था कि

अभी-अभी मैंने चालीस हज़ार का मुनाफ़ा कमाया है, इसीलिए तुम्हें कुछ उधार देने की बात कही थी। अब मैं दे सकता हूँ। इसमें नाक-भौं सिकोड़ने की क्या बात हो गई है? भाई, किसान आदमी हूँ—बात सीधी कह देता हूँ।

त्रोफ़िमोव : तुम्हारे बाप किसान थे या मेरे डॉक्टर—इससे कोई फ़र्क नहीं पड़ता। **(लोपाख़िन अपनी डायरी निकालता है)** यह सब छोड़ो। मुझे अगर दो लाख भी देने की बात करो, तब भी मैं ठुकरा दूँगा। मैं स्वतन्त्र प्रकृति का आदमी हूँ। और जो चीज़ तुम सब ग़रीब-अमीर लोगों को बड़ी क़ीमती या प्यारी लगती है मेरे ऊपर उसका रत्ती-भर असर नहीं होता। मेरे लिए सब हवा में उड़ते बुलबुले हैं। तुम जैसों के बिना भी मैं काम चला ही सकता हूँ, मुझे तुम्हारी कोई ज़रूरत नहीं है। मैं बहुत दृढ़ और आत्मसम्मान वाला आदमी हूँ। मानवता निरन्तर उस सर्वोच्च सत्य, उस सर्वश्रेष्ठ आनन्द की ओर बढ़ रही है, जो इसी धरती पर संभव है और उसी मानवता की प्रगति की अगली पंक्ति में चलने वालों में मैं भी हूँ।

लोपाख़िन : वहाँ मिलेगा तुम्हें यह सब?

त्रोफ़िमोव : हाँ, मुझे मिलेगा **(कुछ क्षण रुककर)** या तो मुझे ही मिलेगा या मैं उसे पाने के लिए आने वालों का रास्ता साफ़ कर दूँगा।

[कहीं दूर पेड़ पर कुल्हाड़ी पड़ने की आवाज़ सुनाई देती है]

लोपाख़िन : अच्छा दोस्त, नमस्कार! अब चलने का वक्त हो गया। हम भले ही एक-दूसरे को देखकर नाक-भौं सिकोड़ते रहें, लेकिन ज़िन्दगी चलती चली जाएगी। जब मैं बिना रुके जी-तोड़ परिश्रम करता हूँ तो मेरा मस्तिष्क बड़ा शान्त रहता है—मुझे ऐसा लगता है जैसे मुझे अपने जीवन का लक्ष्य मिल गया हो। लेकिन दोस्त, इसी रूस में जाने कितने हैं जिन्हें पता ही नहीं कि वे क्यों ज़िन्दा हैं? खैर, इससे क्या फ़र्क पड़ता है? सारी दुनिया उन्हीं के बल थोड़े ही चलती है? सुनते हैं, लियोनिद एन्द्रीएविच ने नौकरी कर ली है। एक बैंक में छः-हज़ार रूबल सालाना पर उनकी नौकरी लग गई है। देख लेना, उनसे यह सब चलेगा नहीं। वे आराम-तलब आदमी हैं।

आन्या : **(दरवाज़े में आकर)** अम्मा आपसे प्रार्थना करती हैं कि उनके जाने तक चेरी के बग़ीचे पर कुल्हाड़ी चलवाना रोके रहें।

त्रोफ़िमोव : हाँ, ठीक ही तो बात है। कम-से-कम इतना लिहाज़ तो दिखाया ही होता....।

[मंच को पार करता हुआ चला जाता है]

लोपाख़िन : अभी देखता हूँ...अभी रुकवाता हूँ। बड़े बेवकूफ़ हैं ये लोग।

[त्रोफ़िमोव के पीछे-पीछे चला जाता है]

आन्या : फ़ीर्स को अस्पताल पहुँचा दिया?

याशा : कह तो दिया था मैंने सुबह। ज़रूर ले गए होंगे।

आन्या : **(ड्राइंगरूम को पार करके जाते ऐपिखोदोव से)** ऐपिखोदोव, ज़रा पता लगाना, फ़ीर्स को अस्पताल पहुँचा दिया या नहीं?

याशा : **(झुँझलाहट भरे स्वर में)** मैंने सुबह ही गायेव से कह तो दिया था। बीस बार क्यों पूछती हैं?

एपिखोदोव : फ़ीर्स की भी तो उम्र बहुत हो गई है। मेरा तो पक्का विश्वास है अब किसी दवा से कुछ होना-जाना नहीं है। उसका भी अब अपने बाप-दादाओं के पास पहुँचने का वक्त आ गया है। मुझे तो उससे जलन होती है। **(गत्ते के टोप के बक्स के ऊपर एक ट्रंक रखकर उसे कुचल देता है)** टूट गया न! मैं तो पहले ही जानता था...

[बाहर चला जाता है]

याशा : **(मज़ाक उड़ाते हुए)** अरे बाईस-आफ़त!

वार्या : **(नेपथ्य से ही)** फ़ीर्स को अस्पताल पहुँचा दिया क्या?

आन्या : हाँ।

वार्या : डॉक्टर के लिए पत्र भी क्यों नहीं ले लिया?

आन्या : ओह! अच्छा, अब बाद में भेज देते हैं।

वार्या : **(बग़ल वाले कमरे में)** याशा कहाँ है? उससे कहो जाते वक्त उसकी माँ उससे मिलने आई है।

याशा : **(हाथ झटककर)** ये लोग तो मुझे मार डालेंगे।

[दुन्याशा इस सारे समय में सामान बाँधने में व्यस्त रही है। अब जब याशा बिल्कुल अकेला रह जाता है तो वह उसके पास आती है]

दुन्याशा : एक बार मेरी ओर तो देख लो याशा। अब तुम जा रहे हो। मुझे छोड़कर जा रहे हो। **(उसकी गर्दन से लिपटकर रोने लगती है)**

याशा : रोती क्यों है? **(शैम्पेन पीता है)** छः दिन बाद मैं फिर से पेरिस पहुँच जाऊँगा! कल सुबह हम लोग ऐक्सप्रेम गाड़ी में सवार होकर दनदनाते चले जाएँगे...मुझे तो एकदम विश्वास नहीं आता। फ्रांस ज़िन्दाबाद! यहाँ मुझे अच्छा नहीं लगता। मेरे लिए यहाँ न कोई ज़िन्दगी है, न काम! यहाँ की काफ़ी बेवकूफ़ियाँ मैंने देख लीं। इनसे मेरा जी भर गया है। **(फिर शैम्पेन पीता है)** तू रोती क्यों है री! ज़रा अपने जी को सँभाल तो नहीं रोयेगी...।

दुन्याशा : **(जेबी शीशे में मुँह देखते हुए पाउडर लगाती है)** पेरिस से मुझे ज़रूर

लिखना। याशा, तुम्हें पता है मैंने तुमसे कितना प्यार किया, कितना प्यार किया है! याशा, मेरा दिल बड़ा नाजुक है।

याशा : अच्छा, कोई आ रहा है!

[धीरे-धीरे गुनगुनाते हुए अपने को ट्रंकों में व्यस्त दिखाता है। रैनिव्स्काया, गायेव, आन्या और शार्लोटा का प्रवेश]

गायेव : तो अब चलें? ज़्यादा समय नहीं रह गया **(याशा को देखकर)** यह मछलियों की गन्ध जैसी क्या है?

रैनिव्स्काया : दस मिनट बाद हम लोग गाड़ियों में बैठे होंगे। **(कमरे में एक निगाह फेरती है)** प्यारे घर, हमारे पुरखों के पुराने मकान, अब विदा दो...जाड़ा आएगा और चला जाएगा—फिर वसन्त, आएगा, लेकिन तब तक तुम नहीं रहोगे...ये लोग तुम्हें गिरा देंगे...। हाय, इन दीवालों ने कितना कुछ देखा है...**(आवेग से अपनी पुत्री को चूम लेती है)** मेरी बिटिया—कितनी खुश लग रही है....तेरी आँखें हीरों जैसी चमक रही हैं...बहुत ही खुश है न?

आन्या : हाँ-हाँ—अम्मा, एक नई ज़िन्दगी का प्रारम्भ जो हो रहा है!

गायेव : ठीक तो है। सचमुच अब सब ठीक हो गया। चेरी का बग़ीचा जब तक बिका नहीं था हम लोग बहुत दुःखी और परेशान थे; लेकिन जब सारा झमेला आख़िरी रूप से तय हो गया तो हम लोगों के जी को भी शान्ति मिल गई। यही नहीं, खुशी भी हुई। मैं अब बैंक का क्लर्क हूँ, महाजन हूँ—वह मारा लाल गेंद को! और तुम ल्यूबा? किसी से पूछ लो, तुम भी पहले से अच्छी दीख रही हो।

रैनिव्स्काया : हाँ, यह बात तो है। मेरा मन पहले से हल्का है। **(उसका टोप और कोट उसे पकड़ा दिया जाता है)** खूब डटकर सोई हूँ। याशा, मेरी चीजें ले चलो। वक्त हो चुका है। **(आन्या से)** बेटी, हम लोग जल्दी ही फिर मिलेंगे। मैं पेरिस जा रही हूँ। तुम्हारी यारोस्लाव्ल वाली मौसी ने ज़ायदाद खरीदने को जो पैसा भेजा था, उसी से वहाँ रहूँगी। भगवान् मौसी का भला करे! लेकिन वह पैसा कितने दिन चलेगा?

आन्या : अम्मा तुम जल्दी आओगी न? मैं अपने हाई-स्कूल के इम्तहान के लिए खूब मेहनत करूँगी...जब पास हो जाऊँगी तो तुम्हारी सहायता करने के लिए कहीं नौकरी कर लूँगी। अम्मा, हम लोग तरह-तरह की चीज़ें पढ़ा करेंगे—है न? **(अपनी माँ का हाथ चूमती है)** जाड़ों के मौसम में सन्ध्या के समय हम लोग देर तक पढ़ा करेंगे। खूब ढेर-की-ढेर किताबें पढ़ेंगे। तब हमारे सामने एक नई आश्चर्यजनक दुनिया के द्वार खुल जाएँगे **(स्वप्नाविष्ट सी)** अम्मा, जल्दी आना।

रैनिव्स्काया : ज़रूर आऊँगी मेरी बिटिया **(उसे बाँहों में भरती है)**

[लोपाखिन का प्रवेश। शार्लोटा धीरे-धीरे गुनगुनाती है]

गायेव : शार्लोटा बड़ी खुश है। गा रही है।

शार्लोटा : **(एक बंडल को छोटे बच्चे की तरह झुलाकर)** बाई ! बाई ! मेरे मुन्ना।...**(बच्चे के रोने की आवाज "हुआँ-हुआँ")** चुप-चुप मेरे चन्दा (**"हुआँ-हुआँ"**) राजा बेटा। **(बंडल फेंक देती है)** आप लोग कृपा करके मेरे लिए कोई काम ज़रूर खोज दीजिए...ऐसे मेरा काम कब तक चलेगा ?

लोपाखिन : ज़रूर खोज देंगे। शार्लोटा आइवानोव्ना, एकदम फ़िक्र मत करो ?

गायेव : सभी हमको छोड़े जा रहे हैं। वार्या भी जा रही है...अचानक जैसे हम अब किसी मसरफ़ के ही नहीं रह गए।

शार्लोटा : शहर में मेरा कोई ठौर-ठिकाना नहीं है। इसलिए मुझे भी जाना पड़ेगा **(गुनगुनाती है)** मुझे क्या फ़िक्र...

[पिश्चिक का प्रवेश]

लोपाखिन : लीजिए, अब कुदरत का एक और कमाल हाज़िर होता है।

पिश्चिक : **(मुँह फाड़कर साँस लेता है)** हाय,....मुझे ज़रा साँस ले लेने दो... में तो मर गया...मेहरबान दोस्तो, पीने को थोड़ा पानी दो...।

गायेव : मैंने तो सोचा पैसों की ज़रूरत आ पड़ी।...शुक्रिया...लो, मैं परे हटा जाता हूँ ताकि कुछ कर न बैठूँ...

[बाहर चला जाता है]

पिश्चिक : बहुत दिन हो गए...रैनिव्स्काया बहन, आपको देखने नहीं आ पाया...**(लोपाखिन से)** अच्छा आप भी यहीं हैं। बड़ी खुशी हुई मिलकर। आपने भी गज़ब का दिमाग़ पाया है साहब। लीजिए ...यह लीजिए...**(लोपाखिन को देता है)** ये 400 रूबल हैं। अब आपके सिर्फ 840 रूबल रह गए।

लोपाखिन : **(आश्चर्य से कन्धे झटकारता है)** अरे, यह तो एकदम सपने जैसी बात हुई। तुम्हें यह रुपया कहाँ से मिल गया ?

पिश्चिक : ज़रा रुक तो जाओ...मैं हाँफ़ रहा हूँ...एक ऐसी घटना हो गई जिसका सपने में भी ख्याल नहीं था...हुआ यह कि कुछ अंग्रेज कहीं से चले आए और मेरी ज़मीन में उन्होंने कोई सफ़ेद मिट्टी खोज निकाली...**(रैनिव्स्काया से)** और यह 400 रूबल आपके लिए ...बहुत प्यारी लग रही हैं आप तो। बड़ी सुन्दर...**(रूबल देता है)** बाक़ी बाद में **(पानी की घूँटें भरता है)** रेल में एक नौजवान मुझे बता रहा था कि कोई बहुत बड़ा दार्शनिक, लोगों को मकान की छत से कूद पड़ने की सलाह देता है। कहता है—"कूदो ! समस्या

की सारी मूल जड़ इसी में है।" **(आश्चर्य करता हुआ)** है न कमाल की बात ?...भाई, ज़रा पानी...।

लोपाखिन : वो अंग्रेज कौन थे ?

पिश्चिक : सफ़ेद मिट्टी खोदने का मैंने उन्हें चौबीस साल का पट्टा दे दिया है। अब मुझे माफ़ कीजिए...मैं रुकूँगा नहीं...मुझे सरपट भागते हुए जाना है...मैं ज्नायकोबो जा रहा हूँ—फिर कादामानोवो जाऊँगा। सभी का तो मुझ पर कर्जा है **(पानी का घूँट भरता है)** अच्छा, सबसे अलविदा...मैं वृहस्पति को आऊँगा।

रैनिव्स्काया : हम लोग अभी-अभी शहर जा रहे हैं...कल मैं विदेश के लिए रवाना हो जाऊँगी।

पिश्चिक : क्या **(घबराकर)** शहर क्यों ?...अच्छा, अब समझा...यह फ़र्नीचर ...यह बक्से। खैर, इसमें तो किसी का कोई बस नहीं है। **(रुँधे गले से)** कोई बात नहीं...भाई, यह अंग्रेज भी...गज़ब की अक्ल वाले होते हैं...अच्छी बात है ? खुश रहिए...भगवान हमेशा आपकी मदद करे ! चिन्ता की कोई बात नहीं...दुनिया में हर चीज का अन्त होना है...**(रैनिव्स्काया का हाथ चूमता है)** ...कभी आपके कानों तक ख़बर पहुँचे कि मेरा भी अन्त आ गया तो इस बुड्ढे घोड़े को भी याद कर लेना...कहना "कभी दुनिया में कोई सिम्योनोव पिश्चिक नाम का आदमी भी था। भगवान उसकी आत्मा को शान्ति दे...!" आज कैसे गजब का मौसम है...**(तीव्र उत्तेजना में बाहर चला जाता है, लेंकिन फौरन ही उल्टे पाँव लौटकर दरवाज़े से ही कहता है)** मेरी बेटी दान्शेका ने आपको प्रणाम कहा है।

रैनिव्स्काया : अब हमें चल देना चाहिए। दो बड़ी चिन्ताएँ अपने दिल में लिए जा रही हूँ...पहली तो यह कि फ़ीर्स बीमार है...**(घड़ी देखकर)** अभी तो पाँच मिनट और रुक सकते हैं।

आन्या : अम्मा, फ़ीर्स को अस्पताल पहुँचवा दिया है। सुबह याशा ख़ुद पहुँचा आया...

रैनिव्स्काया : मेरी दूसरी चिन्ता वार्या है। उसे सुबह जल्दी उठकर काम में लग जाने की आदत है। लेकिन अब काम नहीं रहेगा तो वह बिना पानी की मछली जैसी तड़पेगी। वह बहुत दुबली और बीमार-सी हो गई है। बेचारी रोती रहती है **(कुछ देर रुककर)** यार्मोलाय, तुम तो अच्छी तरह जानते हो, मैंने हमेशा तुम्हारे साथ उसके विवाह के सपने देखे थे—तुम्हारी भी सभी बातों में ऐसा लगता था जैसे तुम उससे शादी कर लोगे **(आन्या के कान में कुछ कहती है और शार्लोटा को इशारा करती है। दोनों बाहर चली जाती हैं)** वह तुमसे

प्यार करती है—तुम भी उसे पसन्द करते हो...और अब...अब पता नहीं, क्यों ऐसा लगता है जैसे तुम दोनों एक-दूसरे से निगाहें चुरा रहे हो...मेरी समझ में नहीं आता।

लोपाखिन : सच बात तो यह है कि खुद मेरी समझ में नहीं आता। खैर बात तो अज़ीब है ही। अगर अब भी कुछ न बिगड़ा हो तो मैं तैयार हूँ...हम लोग झटपट तय कर लें और शादी कर-कराके खत्म करें...लेकिन बिना आपके सामने रहे, मैं खुद अपनी तरफ़ से प्रस्ताव नहीं कर पाऊँगा।

रैनिव्स्काया : यह तो बड़ा अच्छा है। अरे, इस काम के लिए कुल एक ही मिनट की तो ज़रूरत है। अभी बुलाए लेती हूँ उसे !

लोपाखिन : शैम्पेन यहाँ पहले से है ही...**(गिलासों में झाँककर देखता है)** अरे ये तो ख़ाली हैं...किसी ने पहले ही खाली कर डाले ! **(याशा खाँसता है)**—घोर चटोरापन है यह।

रैनिव्स्काया : **(आतुरता से)** यह भी खूब हुआ। हम लोग तुम्हें यहीं छोड़कर चले जाएँगे। अरे ओ याशा ! अच्छा, मैं उसे खुद ही अभी बुलाती हूँ **(दरवाजे की ओर)** वार्या—सब काम छोड़ दो—यहाँ आओ...जल्दी आ जाओ...।

[याशा के साथ चली जाती है]

लोपाखिन : **(अपनी घड़ी देखकर)** हुम्।

[कुछ क्षण चुप्पी। दरवाज़े के पीछे से हँसने और फुसफुसाने की आवाज़ें। तब आख़िरकार वार्या का प्रवेश]

वार्या : **(सामान को ऊपर से देर तक देखते रहकर)** कमाल है...मुझे तो यहाँ कहीं नहीं दिखाई देता।

लोपाखिन : क्या खोज रही हो ?

वार्या : मैंने ही तो बाँधा था और अब मुझे खुद ध्यान नहीं रहा...।

[कुछ क्षण मौन]

लोपाखिन : वार्या मिखायलोव्ना—अब जा कहाँ रही हो ?

वार्या : मैं ? मैं तो रैगुलिन के यहाँ जा रही हूँ। उनके घर की सारी देखभाल करने की नौकरी का इन्तजाम हो गया है।

लोपाखिन : वह तो याश्नेवो में है न ? वह जगह यहाँ से पचास मील दूर पड़ेगी। **(कुछ क्षण रुककर)** तो इसका मतलब; इस घर से तो दाना-पानी उठ ही गया।

वार्या : **(सामान में देखती हुई)** गया कहाँ ? शायद मैंने उसे सन्दूक में रख दिया। हाँ, हर घर से तो दाना-पानी खत्म ही समझो, अब इस घर में अपना कुछ नहीं है।

लोपाखिन : और मुझे अभी इसी दूसरी गाड़ी से ख़ार्कोव चले जाना है। वहाँ मुझे कई काम करने हैं...ऐपिखोदोव को यहाँ छोड़े जा रहा हूँ—उसे मैंने फिर से लगा लिया है।

वार्या : सचमुच ?

लोपाखिन : अगर तुम्हें याद हो, पिछले साल इन दिनों तो कितनी बर्फ़ पड़ने लगी थी...लेकिन इस बार कैसी धूप निकलती है ! कैसा अच्छा मौसम रहता है...यों सर्दी तो बेशक़ है ही...हिम-बिन्दु से तीन डिग्री नीचे है...।

वार्या : अच्छा ? मैंने देखा नहीं है **(कुछ देर चुप रहकर)** और फिर हमारा थर्मामीटर भी टूट गया है।

[फिर कुछ देर चुप्पी]

[दरवाजे पर आँगन से आवाज आती है "यार्मोलाय अलैक्सीएविच"]

लोपाखिन : **(जैसे इस आवाज की वह बहुत देर से प्रतीक्षा कर रहा हो)** अभी एक मिनट में आया।

[लोपाखिन फुर्ती से चला जाता है। वार्या धरती पर बैठकर कपड़े भरे हुए थैले पर एक हाथ रखकर धीरे-धीरे सिसकियाँ भरती है। दरवाज़ा खुलता है और रैनिव्स्काया सावधानी से प्रवेश करती है]

रैनिव्स्काया : अच्छा तो ? **(कुछ देर चुप रहकर)** अब हमें चल देना चाहिए।

वार्या : **(जिसने आँखें पोंछ ली हैं और अब बिल्कुल नहीं रो रही)** हाँ अम्मा, चल देने का वक्त हो चुका...अगर आज ही गाड़ी मिल जाए तो मैं भी आज ही रैगुलिन के यहाँ चली जाऊँगी...।

रैनिव्स्काया : **(दरवाजे में)** आन्या, कपड़े-वपड़े पहन लो...

[आन्या आती है, फिर गायेव और शार्लोटा आते हैं। गायेव कन्टोप वाला गर्म कोट पहने है। नौकर और गाड़ी वाले भी आ जाते हैं। एपिखोदोव सामान के आसपास उठा-धराई करता है]

रैनिव्स्काया : चलो, अब हम लोग चलें !

आन्या : हाँ चलिए।

गायेव : मेरे बन्धुओ...मेरे प्राणप्रिय मित्रो, हमेशा के लिए इस मकान को छोड़ते हुए क्या मुझसे चुप रहा जाएगा ?....अपने प्राणों में प्यार की तरह उमड़ते हुए विदा के क्षणों में मन के आवेग को वाणी दिए बिना क्या रह जाऊँगा मैं ?

आन्या : **(विनती से)** मामा !

वार्या : मामा तुम चुप रहो।

गायेव : **(हताश स्वर में)** एक ही झटके में...वह....लिया गेंद को पॉकिट में,...अच्छा भाई, चुप हुआ जाता हूँ...

[त्रोफ़िमोव और फिर लोपाखिन का प्रवेश]

त्रोफ़िमोव : अच्छा भाइयो और बहनो, हम लोग चलें।

लोपाख़िन : अरे ऐपिखोदोव—मेरा कोट !

रैनिव्स्काया : बस एक मिनट और...लगता है जैसे मैंने आज तक देखा ही नहीं कि इस घर की छत कैसी है, इस घर की दीवारें कैसी हैं...अब कैसी ममता और कैसा उत्कट खिंचाव मन में हो रहा है कि एक बार इन्हें जी भर कर देख लूँ।

गायेव : मुझे याद है, जब मैं छः साल का था तो कैसे ट्रिनिटी दिवस पर इस खिड़की में बैठा-बैठा पिताजी को गिरजाघर जाते देखा करता था।

रैनिव्स्काया : सब चीज़ें ले ली हैं न ?

लोपाख़िन : ख्याल तो यही है **(ओवरकोट पहनते हुए, ऐपिखोदोव से)** ऐपिखोदोव, तुम ध्यान से देख लो, सब चीज़ें ठीक-ठीक हैं न।

ऐपिखोदोव : **(फँसे गले से)** यार्मोलाय अलैक्सीएविच, आप कोई फ़िक्र मत -कीजिए।

लोपाख़िन : अरे तुम्हारी आवाज़ को क्या हो गया।

ऐपिखोदोव : मैंने अभी एक गिलास पानी पिया था। गले में कोई चीज़ फँस गई है।

याशा : **(घृणा से)** बेवकूफ़ी !

रैनिव्स्काया : हम लोग जा रहे हैं, अब यहाँ कोई भी नहीं रहेगा।

लोपाख़िन : वसन्त तक तो नहीं ही रहेगा।

वार्या : **(बंडल में से एक छाता खींच लेती है—जैसे उससे किसी को मारना है। लोपाखिन ऐसा भाव दिखाता है जैसे डर गया हो)** यह क्या ?—नहीं भाई, मेरा ऐसा कोई इरादा नहीं है।

त्रोफ़िमोव : भाइयो और बहनो—आइए गाड़ियों पर सवार हों। वक्त हो चुका है। अभी गाड़ी आ जाएगी।

वार्या : पेत्या, तुम्हारे बरसाती जूते यह रखे। इस बक्से की बगल में **(आँखों में आँसू भरकर)** कैसे गन्दे पुराने हो गए हैं ये भी !

त्रोफ़िमोव : **(अपने बरसाती जूते पहनकर)** बन्धुओ, अब चलें।

गायेव : **(अत्यधिक उद्विग्न-सा होकर डरते हुए कि कहीं रो न पड़े)** गाड़ी, स्टेशन...बगल वाली पॉकेट के तीन कुशन में, मैं इस बार उस सीधे कोने वाली गेंद में मारूँगा...।

रैनिव्स्काया : आओ-आओ, चलें हम लोग।

लोपाख़िन : सब लोग आ गए न ? **(बाईं तरफ दरवाज़े में ताला लगाता है)** सारी चीज़ें तो यहीं हैं न, यहाँ भी ताला लगाते चलें। आइए, अब चलें।

आन्या : अच्छा घर, अलविदा ! अलविदा पुरानी ज़िन्दगी...।

त्रोफ़िमोव : नए जीवन का स्वागत हो।

[आन्या के साथ त्रोफ़िमोव चला जाता है। वार्या कमरे के चारों ओर देखती है और धीरे-धीरे चली जाती है। याशा और अपने कुत्ते के साथ शार्लोटा भी चली जाती है।]

लोपाखिन : तो भाई वसन्त तक के लिए विदा...अच्छा बन्धुओ, अगली मुलाकात तक के लिए विदा...।

[चला जाता है]

[रैनिव्स्काया और गायेव अकेले रह जाते हैं। जैसे इसी क्षण की राह देख रहे हों, इस तरह एक-दूसरे की गर्दन से लिपट जाते हैं और दबी घुटी-घुटी सिसकियों में फफक पड़ते हैं। डर है कोई सुन न ले।]

गायेव : **(हताश स्वर में)** बहन...मेरी बहन।

रैनिव्स्काया : हाय, मेरा बग़ीचा...मेरा प्यारा बग़ीचा...मेरी ज़िन्दगी, मेरी खुशी...मेरी जवानी...अब विदा दो...अलविदा।

[आन्या की आवाज : प्रसन्नता से पुकारती है] अम्मा !

त्रोफ़िमोव की आवाज : **(आवेग और प्रसन्नता से)** आ...ओ !

रैनिव्स्काया : हाय, इन दीवारों...इन खिड़कियों को आख़िरी बार तो देख लूँ... मेरी माँ को इस कमरे में घूमना बड़ा अच्छा लगा करता था...

गायेव : बहन...बहन...।

आन्या की आवाज़ : अम्मा !

त्रोफ़िमोव की आवाज : आऽ...ओ !

रैनिव्स्काया : आ रहे हैं।

[सब चले जाते हैं]

[मंच खाली है। दरवाज़ों में ताले लगने और फिर गाड़ियों के जाने की आवाज़ें। शान्ति। पूर्ण निस्तब्धता में किसी पेड़ पर कुल्हाड़ी चलने की ऐसी आवाज जो बड़ी दुखित, उदास, एकान्त में झनझनाकर चुप हो जाती है। किसी की पदचाप सुनाई देती है। दाहिनी ओर दरवाज़े में फ़ीर्स खड़ा दिखाई देता है। कपड़े उसके हमेशा जैसे ही हैं। एक जाकेट और कोट, पैरों में

स्लीपर। बीमार है।]

फ़ीर्स : **(दरवाज़े के पास जाता है और हैंडिल हिलाकर देखता है)** ताले बन्द हैं। सब लोग चले गए...**(एक सोफे पर बैठ जाता है)** मेरा किसी को भी ध्यान नहीं रहा...कोई बात नहीं है...मैं ज़रा यहाँ बैठ लूँ...शर्तिया कहता हूँ, लियोनिद एन्द्रीएविच ने अपना फ़र वाला कोट नहीं पहना होगा। अपने उसी पतले वाले कोट में चले गए हैं...**(चिन्ता से दीर्घ साँस लेता है)** हाय, वे लोग मुझसे मिलकर भी नहीं गए।...अरे नया-नया खून है...**(मुँह ही मुँह में कुछ बड़बड़ाता है जो समझ में नहीं आता)** सारा जीवन इस तरह खिसक गया जैसे कभी जिया ही न हो...**(लेट जाता है)** ज़रा लेट लूँ...अब तो जैसे दम भी नहीं रहा हो...शेष अब रह ही क्या गया है ?...सभी कुछ तो चला गया। उफ़ ! मेरा जीवन कितना खोखला होकर रह गया है...

[बिना हिलेडुले लेटा रहता है]

[वीणा के टूटे तार की तरह एक आवाज़ सुनाई देती है, जैसे कहीं आसमान से आई हो और उदास-विषण्ण-सी धीरे-धीरे डूब जाती है। फिर सब कुछ शान्त हो जाता है। बगीचे में गूँजती कुल्हाड़ी की आवाज़ के सिवा सब कुछ निस्तब्ध है।]

[पर्दा गिरता है]

●●●